Francis Aupiais sma

# LA CIVILISATION ET L'EXCÈS DE LA COLONISATION

Textes du père Aupiais sma présentés et annotés par

Pierre Saulnier sma

Collection SMA-Sankofa – Vol. 8

2018 – Rome

Auteur : Francis Aupiais

ISBN-13: 978- 1984250575

ISBN-10: 1984250574



Pour toute commande : s'adresser à Amazon.

**SMA Publications**
Via della Nocetta, 111, 00164 Rome (Italie)
sma.mediacenter@gmail.com

# Le Cardinal Bernardin GANTIN
# (1922 – 2008)

A l'occasion du dixième anniversaire de la mort du Cardinal Gantin, la SMA publie une série de 7 volumes sur le père Francis Aupiais : sa biographie et ses écrits. Missionnaire au Dahomey (Bénin), il a œuvré avec compétence et passion pour montrer au monde la beauté, la grandeur et la dignité de l'Afrique dont le Cardinal Gantin, membre honoraire de la SMA, est l'un des fils les plus éminents.

# DATES IMPORTANTES DE LA VIE
# DU PERE FRANCIS AUPIAIS

**11.08.1877** : naissance à Saint-Père-en-Retz (L.I. - France)

**29.06.1902** : ordination à la prêtrise aux Missions Africaines

**Oct. 1903**  : envoi en mission au Dahomey (Abomey, Porto-Novo)

**1915-1919** : mobilisation à Dakar (Sénégal)

**Nov. 1926** : retour en congé

**Mai 1928**  : nomination comme provincial de Lyon

**Sept. 1931** : supérieur du séminaire de Baudonne

**Juill. 1937** : élection comme provincial de Lyon

**14.12.1945** : décès à Paris

# Francis AUPIAIS (1877 – 1945)

# BIOGRAPHIES DE FRANCIS AUPIAIS

*Par ordre chronologique*

Georges HARDY, *Un apôtre d'aujourd'hui : Le révérend père Aupiais, Provincial des Missions Africaines de Lyon*, Larose, Paris, 1949.

Martine BALARD, *Dahomey 1930 : Mission Catholique et culte vodun. L'œuvre de Francis Aupiais (1877-1945), missionnaire et ethnographe*, Presses Universitaires de Perpignan, 1998. 2ᵉ édition : Paris, L'Harmattan, 1999.

Joseph LEJEUNE, *Francis Aupiais, ethnologue*, Oujda (Maroc), 2003.

Dominique AUPIAIS, *Le révérend père Francis Aupiais (1877-1945). Un historien breton pour une reconnaissance africaine*, Ed. JFR Grand Océan, La Réunion, 2006.

Pierre SAULNIER, *La Reconnaissance Africaine. Francis Aupiais (1926-1931) Hier et Aujourd'hui*, SMA Publications, 2018.

# Collection SMA-Sankofa

**Vol. 1.** Société des Missions Africaines, Les circulaires des Préfets apostoliques de Côte d'Ivoire (1895-1911)

**Vol. 2.** MOUREN, Joseph., The Catholic Missions in Northern Nigeria, Foundation and First Years (1906 – 1910)

**Vol. 3.** MOUREN, Joseph., Journal de la mission Bénoué-Tchad (1906-1909)

**Vol. 4.** AUPIAIS, Francis., Cours et Causeries pour « réhabiliter les Noirs »

**Vol. 5.** SCHOONEN, Adrien., Histoire de nos Constitutions

**Vol. 6.** SCHOONEN, Adrien., History of our Constitutions

**Vol. 7.** AUPIAIS, Francis., La bonne Terre… L'Africain, homme religieux

**Vol. 8.** AUPIAIS, Francis., La Civilisation et l'excès de la Colonisation

**Vol. 9.** AUPIAIS, Francis., Voyages en Egypte

**Vol. 10.** AUPIAIS, Francis., Voyages en Afrique Occidentale

**Vol. 11.** AUPIAIS, Francis., Souvenez-vous. Textes et témoignages

**Vol. 12.** AUPIAIS, Francis., Lettres à Paul HAZOUMÊ

*Pour le catalogue détaillé visitez : smainternational.info*

## Équipe chargée de SMA Sankofa

Andrea Mandonico, sma, Michel Bonemaison, sma, Roberta Grossi, S. I. Francis Rozario, sma

**Collaborateurs de cette édition :** Dante Bragagnolo, Marie Guerin et Marie-Jo Hervouet.

# INFORMATIONS PRATIQUES

Les documents que nous présentons sont consultables aux Archives de la Société des Missions Africaines à Rome. (AMA)

Dans les citations, nous avons gardé l'orthographe de l'auteur pour les noms tirés des langues africaines ; cette orthographe varie parfois suivant les personnes et les documents.

En général, nous avons gardé la présentation originale de ces textes, surtout les titres et sous-titres de l'auteur ou de l'éditeur. Cependant pour agrémenter nous nous sommes permis de mettre en italique les paroles éventuelles des protagonistes cités par l'auteur.

Pour accéder à davantage d'informations, en particulier sur les membres décédés des Missions Africaines, vous tapez sur Internet le nom et le prénom de la personne recherchée et à la suite Missions Africaines ; vous cliquez, choisissez un site qui indique *nécrologe général*, et vous obtenez au moins un résumé de sa vie.

# INTRODUCTION

En novembre 1926, après un séjour de près de sept ans au Dahomey (Bénin) à Porto-Novo, le père Francis Aupiais rentre en congé en France. Dans cette ville de Porto-Novo, capitale de la colonie du Dahomey, il occupe depuis 1919 des fonctions importantes : il est le supérieur de la mission de cette ville et en même temps, vicaire général du vicaire apostolique, Mgr Steinmetz[1] dont la résidence officielle est Ouidah, qui fut la première implantation des pères des Missions Africaines à leur arrivée dans ce pays en 1865. Ouidah est située à une centaine de kilomètres de Porto-Novo ; mais à l'époque il n'existe aucune liaison directe et rapide entre ces deux villes : les ponts sur la lagune à Porto-Novo et Cotonou ne sont pas encore construits. Par le fait même, il est le plus proche interlocuteur religieux du gouverneur, qui, lui, réside à la capitale.

Le père Aupiais est arrivé au Dahomey en 1903, une dizaine d'années après l'implantation de la colonie du Dahomey en1894. Il n'a donc pas connu la conquête coloniale, au contraire de deux de ses confrères et compatriotes nantais ; le premier, Alexandre Dorgère[2] y fut mêlé en 1890, comme otage du roi Béhanzin[3], puis comme ? Ministre ? plénipotentiaire de la France

---

[1]*François Steinmetz* (1868-1952), prêtre des Missions Africaines en 1890, missionnaire au Dahomey de 1892 à 1952 ; vicaire apostolique du Dahomey de 1906 à 1935.

[2]Annie Voisin, *Un missionnaire nantais et la colonisation du Dahomey. Alexandre Dorgère* (1855-1900), Ed. Afridic, Paris, 2005. Dorgère, originaire de Nantes, prêtre des Missions Africaines, séjourna au Dahomey entre 1881 et 1896 en plusieurs séjours, décéda à l'âge de 45 ans en 1900.

[3]*Béhanzin* (1845-1906), roi d'Abomey de 1890 à 1894, date de sa reddition aux troupes françaises du général Dodds, et décédé en déportation à Blida (Algérie).

à Abomey, enfin comme invité du roi ; le second, Joseph Pied[4], était supérieur de la mission de Porto-Novo ; témoin oculaire, dans une lettre adressée au directeur du *Petit Messager* à Nantes le 8 Avril 1889[5], il décrit ainsi les raisons de l'invasion du royaume de Porto-Novo par Abomey et l'attitude du roi *Tofa*[6] pendant cette invasion de 1889, l'année précédant la prise de Cotonou ; voici ce qu'il écrit :

« *Depuis une quinzaine de jours, Porto-Novo est sous le coup de la terreur ; la population s'est enfuie.* [Les Danxômênu] *ont envahi le royaume de Porto-Novo.* [Voici l'origine du conflit : ] *Des canotiers de Porto-Novo ayant tué, il y a quelques mois, 2 ou 3 sujets du Dahomey, des remontrances avaient été adressées à Tofa, qui les reçut avec dédain et envoya à son frère d'Abomey un message insultant. Des excuses avaient été demandées à plusieurs reprises, mais Tofa, comme protégé d'une puissance européenne, se croyant à peu près tout permis, avait constamment refusé d'en faire. On venait donc, à main armée cette fois, lui demander compte de sa conduite. Telle est l'origine de la guerre.* […]

« *Le roi se voyant privé de presque tous ses conseillers et de ses meilleurs amis, sachant que c'était à lui qu'on en voulait et se laissant dominer par la peur, finit par perdre courage. Après avoir confié sa cassette et tout ce qu'il avait de précieux au capitaine des tirailleurs, il s'enfuit dans l'après-midi du samedi, au-delà de la lagune sur le territoire anglais. Après avoir mis le feu à sa maison, puisque c'était lui qui était cause de la guerre, il prenait la fuite, laissant chacun se débrouiller comme il l'entendait.* »

Un autre témoignage vient de Crampel[7], un explorateur de passage à Cotonou au moment de la prise de cette ville par l'armée française. Dans une lettre destinée à la publication et

---

[4] *Joseph Pied*, né à Nantes en 1848, ordonné pour le diocèse de Nantes en 1871, membre des Missions Africaines en 1872, décédé en mer en 1899.

[5] *Le Petit Messager* est une revue du diocèse de Nantes destinée à donner aux fidèles des nouvelles des missionnaires nantais. La lettre du père Pied se trouve dans la 11° année, p. 51 et 103. Le capitaine des tirailleurs est un certain Bertin ; il remplit alors les fonctions d'administrateur par intérim en l'absence du résident.

[6] *Toffa*, ou *Tofa*, roi de Porto-Novo, de 1874 à 1908.

[7] Cité par Kalck Pierre, *Un explorateur du centre de l'Afrique : Paul Crampel* (1864-1891). Ed. L'Harmattan, Paris, 1993, p. 63-65. Paul Crampel, né à Nancy en 1864, secrétaire de Brazza, assassiné à El Kouti (Centrafrique) en 1891.

adressée le 4 Mai 1891 à son ami Harry Alis[8], pour lui nos soldats se sont comportés en *barbares*, sous la responsabilité d'un *lâche*, le gouverneur Bayol[9], et ceci pour le *triste* Toffa. La conquête ne fut donc, ni une partie de plaisir, ni une expédition humanitaire, mais bien commerciale et politique.

Aupiais séjourne quelques mois à Abomey, capitale de l'ancien royaume du Danxômê, puis est affecté à Porto-Novo ; il y prend en charge les écoles, dont il veut que celle de la mission soit la meilleure possible ; il consacre son temps et ses forces à la formation pédagogique et humaine des maitres. Sa politique porte largement ses fruits : ses élèves et ceux des écoles des religieuses réussissent parfaitement aux concours d'entrée des écoles supérieures du Gouvernement Général de l'AOF[10]à Dakar et Gorée, et y fournissent parfois l'essentiel des contingents admis aux écoles de sages-femmes, de médecins, d'instituteurs …

En 1926 à son arrivée en congé, Aupiais a un double projet : celui de trouver des fonds pour la construction de la nouvelle église de Porto-Novo, dont la première pierre a été bénie à la Toussaint 1925, mais aussi celui plus ambitieux de réhabiliter l'Afrique aux yeux des Européens. A cet égard, l'idéologie dominante de cette époque veut que les Africains, et les colonisés en général, soient des *sauvages* qu'il faut civiliser et des *païens* qu'il faut évangéliser ; c'est le travail de l'administration de civiliser, celui de l'Eglise d'évangéliser. Ce projet de réhabilitation d'Aupiais est déjà en cours, quand il lance en août 1925 à Porto-Novo sa revue *La Reconnaissance Africaine* ; ce titre indique qu'il désire que les Européens *reconnaissent* que l'Afrique a une culture qui mérite d'être connue ; c'est un des buts de cette revue à la rédaction de laquelle il associe d'ailleurs des Africains. Grâce à ses amis, comme l'africaniste Maurice Delafosse[11], il la fait connaitre

---

[8]*Harry Alis* (1857-1895), de son vrai nom Jules Hippolyte Percher, écrivain et journaliste.

[9]*Jean-Marie Bayol* (1849-1905), médecin, explorateur, administrateur français en Afrique Occidentale, sénateur en 1904.

[10] AOF : Afrique Occidentale Française qui regroupe l'ensemble des colonies françaises depuis la Mauritanie jusqu'au Dahomey et Niger.

[11]*Maurice Delafosse* (1870-1926). Administrateur colonial. Responsable des Affaires civiles du gouvernement de l'AOF. Auteur de nombreux ouvrages en tant

en France ; maintenant il y prolonge lui-même son action par des conférences, des cours, des expositions itinérantes d'art africain dont il a rapporté avec lui les éléments, enfin par la projection de films ethnographiques et religieux qu'il a l'idée de produire en 1930 avec le financement d'un banquier Albert Kahn et l'aide technique d'un spécialiste, Frédéric Gadmer.

Après avoir décrit l'activité du père entre 1926 à 1931[12] pour la réhabilitation de l'Afrique, et présenté ses interventions sur le caractère religieux[13] des Africains, ce présent fascicule veut présenter l'aspect plus sociopolitique de sa pensée, celui sur la colonisation à cette époque. Aupiais fait l'impasse sur la conquête elle-même, ses raisons et ses enjeux, il n'en dit rien ; nous y avons fait allusion ci-dessus. Par contre il parle longuement de la colonisation, qui pour lui est un droit et un devoir tant pour les nations colonisatrices que pour l'Eglise ; et pour les peuples qui y sont soumis, c'est un devoir de s'y associer. Mais il va dénoncer vigoureusement les abus, les excès de cette présence coloniale, ce qui lui vaudra de solides inimitiés, et même pour certains de passer pour un traitre à sa patrie. Dans ce précédent ouvrage nous avons présenté l'essentiel de sa pensée à partir de citations de ses interventions de cette époque ; ici nous en donnons l'intégralité, avec une conférence de 1940 sur l'enseignement et l'usage du français en Egypte, alors qu'il rentre d'une visite à ses confrères dans ce pays.

Nous avons préparé cette édition à partir des documents conservés aux Archives de la Société des Missions Africaines à Rome. Pour plusieurs raisons, nous ne pouvons en garantir la stricte exactitude ; le père lui-même, en particulier pour les noms propres de lieux et de personnes, n'est pas toujours clair, et il ne connait que rarement les 'prénoms', y compris ceux de ses confrères ; de plus ces documents romains sont souvent déjà des copies dactylographiées ou polycopiées, dans lesquelles ont pu se glisser des erreurs de compréhension ou de frappe ; enfin nous-

---

qu'ethnologue et linguiste africaniste. Pendant la guerre de 1914-1918, Delafosse et Aupiais se lièrent d'amitié à Dakar.

[12] Pierre Saulnier, *La reconnaissance africaine*, Ed. Amazon, 2017.

[13] Francis Aupiais, *La Bonne Terre*, Ed. Amazon, 2018.

mêmes, et ceux qui nous ont aidé à leur saisie sur ordinateur, n'en sommes pas exempts.

Enfin pour une meilleure compréhension, nous avons tenu à présenter sommairement chacun de ces textes, et dans la mesure du possible, donner des informations en note sur les personnages dont parle le père ; ce n'est pas inutile pour saisir le monde religieux, intellectuel ou politique dans lequel le père évoluait, et plus largement sa personnalité.

Pierre Saulnier, sma

# L'IDEAL COLONIAL DE LA FRANCE

*Nous ne savons pas où cette intervention fut prononcée ; elle date probablement de 1931 : il y est en effet question d'un ouvrage de G. Hardy[14], son ami, qui vient de paraitre.*
*Le texte se trouve aux Archives des Missions Africaines à Rome sous la Cote : 3H24*

Les Missionnaires ne s'occupent pas de la colonisation proprement dite, aussi ne suis-je pas très autorisé à intervenir dans ce débat. Cependant, les Missionnaires qui sont placés entre les Européens leurs compatriotes, et les indigènes leurs frères d'adoption, les Missionnaires qui connaissent les intentions des premiers, la mentalité des seconds, ont, à ce double titre, un mot à placer quand l'on discute de méthode de colonisation, comme c'est ici le cas. Je ne ferai que quelques remarques.

Le sujet de cette discussion est : « l'idéal colonial de la France ».

Certes la haute personnalité de Monsieur le Gouverneur Général MESLIN a beaucoup contribué à amener ici le nombreux et brillant auditoire qui remplit cette salle. Mais, je pense que le mot « idéal » a sa part dans le succès de cette soirée.

Il n'est jamais vain en effet de dire à des Français que l'on va parler « d'idéal » et ce simple mot a constitué, pour un certain nombre d'entre vous un appel irrésistible.

---

[14] *Georges Hardy* (1884-1972). Haut fonctionnaire. En 1915, directeur de l'enseignement pour l'AOF ; directeur de l'Ecole Coloniale en 1925. Aupiais l'a connu à Dakar pendant la guerre de 1914-18, et depuis ils sont restés en relation d'amitié.

Pour d'autres, il a eu l'attrait de l'impossible, ou du moins du difficile, et ils se sont demandés en venant ici : qui pourra nous révéler cet idéal ? ...

Un livre vient de paraître dont je conseille la lecture aux hommes de bonne volonté, qui ignorent les questions coloniales. Il est intitulé : « Nos Grands Problèmes Coloniaux »[15].

Monsieur HARDY, le très distingué Directeur de l'Ecole Coloniale, qui en est l'auteur, y étudie sous un jour nouveau l'ensemble des questions coloniales.

Deux réflexions dominent ce livre :

1. Il y a actuellement dans les colonies dit l'auteur, un problème qui dépasse tout, c'est le « Problème Humain », c'est-à-dire qu'il n'y a pas en matière de colonisation d'autres difficultés que cette rencontre brusque de civilisations humaines qui n'ont ni les mêmes principes, ni les mêmes buts, ni les mêmes moyens, ni les mêmes caractéristiques, et dont les différences s'aggravent encore du fait qu'elles établissent entre elles ce qui peut le moins les unir : l'intérêt matériel.

2. Monsieur HARDY ajoute plus loin : « *Monsieur KIPLING parle quelque part du « Fardeau des Blancs », expression qui désigne, selon lui, la lourde responsabilité qu'assument les populations civilisées quand elles se chargent de coloniser c'est-à-dire d'adopter des populations indigènes dont elles entreprennent de faire l'éducation.* »

Monsieur le Gouverneur Général MESLIN l'a dit excellemment tout à l'heure : « *Les Nations Européennes doivent exercer une sorte de tutelle sur les populations indigènes.* »

Redoutable programme. Car ces fils grandissants demanderont tous les jours un peu plus de liberté ; c'est une loi de la nature qu'ils doivent aller vers une certaine indépendance parce qu'il y a pour les peuples comme pour les individus un certain âge de majorité au-delà duquel le contrôle d'un côté, l'obéissance de l'autre, deviennent des états de violence qui ne peuvent pas durer longtemps.

Comme, avec ce programme, nous sommes loin de ce temps où, selon Monsieur HARDY, une colonie était un domaine dont on disposait en toute propriété, qui n'avait pas de

---

[15] De Georges Hardy, Ed. Armand Colin, 1929.

personnalité morale, qui n'existait qu'en fonction de la métropole et sur lequel on avait des droits comme sur un champ ou sur une mine !

La formule idéale de la colonisation en partant de tels principes parait être le « mandat » qui permet aux gouvernants plus d'initiative, qui laisse aux administrés plus de liberté, et qui achemine les populations indigènes vers une vie économique, sociale, consciente d'elle-même, c'est-à-dire sûre de ces possibilités, fidèle à ses responsabilités.

L'idéal colonial « <u>de la France</u> ». On ne pouvait mieux dire, car il ne s'agit point ici d'un idéal spécial à quelques audacieux, à quelques philosophes, à quelques moralistes. Cet idéal ne doit pas être un idéal d'école ni un idéal de partisans, il doit être celui de notre pays tout entier.

Monsieur MAIGRET le faisait remarquer tout à l'heure avec beaucoup de justesse : « *Les 'métropolitains' commettent une grave erreur quand ils ne prennent pas leur part de responsabilité par insouciance ou par ignorance, dans l'administration de notre domaine colonial. Il n'est plus permis à des Français de rester indifférents au développement matériel ou moral de nos possessions d'outremer. Ces territoires sont intégrés désormais dans notre pays, comme les rameaux d'un même arbre.* »

L'idéal colonial de la France sera donc celui de tous les Français, et non plus seulement de ceux qui président de près ou de loin aux destinées de nos colonies, les fonctionnaires, les militaires, les commerçants, les colons.

L'idéal colonial de la France ne doit pas être un idéal de circonstance limité par toutes sortes de relativités ou d'opportunités. Il doit être absolu et se déterminer d'après les qualités essentielles de notre race, de sorte qu'il aura procédé d'une certaine manière à la création des colonies.

Il se dégagera de ce qu'il y a de meilleur dans notre passé, comme dans notre présent, dans notre histoire comme dans notre psychologie, dans notre culture comme dans nos dons innés.

Cet idéal dans de telles conditions pourrait-il être parfait ?

Non, sans doute, car les indigènes qui ne manqueront pas de regarder de près ceux qui viennent leur enseigner la civilisation constateront que nous avons vécu dans des guerres continuelles, que nous avons fait des révolutions sanglantes, que des hommes s'entretuent dans notre pays, comme on le voit à chaque page de nos journaux, que nous ne suffisons pas à nos tâches les plus nobles ou les plus nécessaires. Ils entendront parler des fléaux sociaux qui nous déciment, ils verront que nous ne sommes pas restés fidèles à nos traditions, que sais-je encore ?

Notre idéal colonial devra donc commencer à se réaliser dans les réformes qui nous améliorerons nous-mêmes.

L'idéal colonial ce sera une FRANCE populeuse et saine ; morale et fidèle, respectueuse de l'autorité et fidèle à son passé. Autrement nous manquerons de sincérité quand nous irons dire aux populations indigènes : votre ignorance nous fait pitié, votre dégradation nous émeut, le désordre de votre vie politique nous inquiète, la licence de vos mœurs nous scandalise, la faiblesse de vous institutions nous décourage, etc.

L'idéal colonial de la France ... Il est peut-être la base chez ces peuples auprès desquels nous aurions beaucoup à apprendre. Je suis allé dans ces pays au nom d'un idéal aussi : l'idéal religieux.

Vous l'avouerais-je ? J'ai rencontré dans ces pays, parmi les humbles cultivateurs de nos brousses africaines, un état de mœurs qui ressemblait comme un frère à l'idéal chrétien.

Aussi ai-je été admirablement compris par ces foules quand, parlant au nom du Christ, j'ai enseigné la morale évangélique. Etre pauvres et se contenter de pauvreté, être obéissants aux chefs, être désintéressés, être modestes, être confiants, croire et être fidèles à sa foi, mais tout cela existe parmi ces pauvres gens dont la simplicité rappelle celle des premiers disciples de Génésareth[16].

Si j'ai connu dans mon ministère sacerdotal des heures angoissantes, ce n'est pas parce que j'ai craint de ne pas trouver un terrain favorable à ma prédication dans ces pays, mais parce que je me suis demandé : comment vais-je transplanter, sans qu'il en souffre, ce bel arbre de la vie primitive dans la terre nouvelle, pour lui, de la civilisation moderne, même chrétienne ?

Ces scrupules n'étaient pas déplacés, croyez bien, et ils ont été utiles aux missionnaires parce qu'ils nous ont portés à un

---

[16] Lire sans doute Jésus de Nazareth.

doute fécond et à une confiance appuyée à la fois sur la valeur de notre enseignement et sur la qualité des âmes auxquelles nous nous adressions.

J'irai jusqu'au bout de ma pensée et je reconnaitrai que nous avons reçu de ces populations devenues chrétiennes, nous leurs prêtres, des leçons d'ingénuité et de ferveur, d'esprit de foi, et de zèle, qui ont contribué à augmenter nos propres richesses spirituelles. Il nous est donc arrivé de recevoir quand nous pensions n'avoir qu'à donner.

Il y a peut-être dans cet exemple la formule d'un idéal, même pour atteindre des fins terrestres comme la colonisation. Je souhaite qu'il en soit ainsi.

Soyons d'ailleurs persuadés qu'un idéal colonial ainsi compris ne serait point, pour des Français, aussi nouveau qu'on pourrait le croire ; il continuerait la série des générosités séculaires de notre pays qui lui fit aimer et comprendre tant d'autres peuples.

# ÉLITES INDIGENES
# DANS LES PAYS DE COLONISATION
# "LES MILIEUX FETICHISTES"

*Ce cours a été donné en 1930 pendant la conférence de la Semaine Sociale de France à Marseille ; elle survient après son voyage en Côte d'Ivoire, il fait en effet allusion à un ingénieur qui lui fait visiter les travaux de construction du port d'Abidjan. Aux Missions Africaines à Rome, il se trouve à la cote 3H18.*

**SOMMAIRE :** La colonisation n'étant autre que l'éducation des peuples dits non-civilisés, se pose la question des Elites. Cette constitution des Elites en pays d'origine fétichiste est-elle possible ?

1. Différence entre la conception moderne et la conception antique des élites ; la première tenant à une hiérarchie des professions, la seconde tendant à l'égalité sociale et aboutissant à une médiocrité matérielle générale. C'est à cette dernière conception que se rattache l'organisation des élites chez les Noirs.
2. Influence de la diminution d'autorité des chefs et de la spécialisation sous le régime européen. Admission des indigènes aux emplois. Méthode suivie. Résultats.
3. Aptitudes morales et sociales constituées chez les noirs, par l'absence de besoins et de convoitises, ainsi que par leur discipline religieuse. Ressources qu'elles offrent à une action civilisatrice s'appuyant sur l'éducation religieuse.

Si la colonisation doit être une sorte d'éducation des peuples dits non-civilisés, tendant à obtenir que ceux-ci arrivent un jour plus ou moins proche à vivre d'une existence indépendante, la question des élites doit être immédiatement posée, non pas pour discuter si les élites sont nécessaires, ce qui est incontestable, mais pour se demander si la constitution des élites est possible en pays d'origine fétichiste, et, dans l'affirmative, pour constater quelles sont les lois qui président à leur recrutement, à leur formation, à leur utilisation.

Il y a une conception moderne des élites qui est consécutive à notre état de civilisation ; celui-ci, en multipliant les branches de labeur intellectuel et de l'activité morale et religieuse, a rendu nécessaire la division du travail, la spécialisation des travailleurs, c'est-à-dire la hiérarchisation de certaines professions par rapport à certaines autres.

Dans l'antiquité, et durant de longs siècles de notre propre histoire, les élites ont été uniquement constituées par les chefs dynastiques des peuples. Toutes les autres supériorités, les ''clercs'' notamment (au sens de Mr Benda) [17] se dégageaient avec peine, comme d'une nébuleuse de la masse nivelée par une totale soumission au pouvoir, par une complète égalité sociale, et par une médiocrité matérielle générale. On constate une organisation identique chez les noirs. En haut, un monarque absolu ; au-dessous de lui tous les sujets confondus dans un rang indistinct, fussent-ils prêtres, médecins, aèdes, artistes, etc.

Les élites de notre temps seraient donc constituées par des hommes indispensables désormais à la formation morale et religieuse des populations, à leur éducation littéraire ou artistique, aux progrès des sciences, au perfectionnement des techniques, au gouvernement de pays, à son développement économique, etc.

Leurs caractères seraient :

1. D'être en contact direct avec les masses, mais comme la tête est reliée au tronc.

2. D'être en même temps au service des masses, mais indirectement, leur but direct étant le progrès et leur propre spécialisation.

---

[17] Sans doute *Julien Benda* (1867-1956), philosophe et écrivain français.

3. De rester individualistes pour mieux assurer leur sélection.

Il est évident que des Européens ne peuvent pas devenir à proprement parler des Élites dans les pays Africains, parce qu'on n'arriverait pas à recruter un nombre assez grand de coloniaux pour encadrer dans les multiples branches du progrès européen, ces millions d'hommes épars sur d'immenses territoires. Et puis ces Européens ne seraient pas aptes à une tâche qui est faite d'une sorte d'assimilation de part et d'autre, assimilation à laquelle manquerait le premier élément : la communauté de langue.

Les Européens ont un autre but dans les Colonies, non pas celui de constituer des élites, mais celui de former des élites, comme l'ont compris les Congrégations Missionnaires qui se proposaient seulement, à leur origine, de former le clergé indigène.

Les Européens ne pourront donc être dans les colonies que des super-élites comme le démontrera Monsieur Hardy demain soir.

Demandons-nous donc s'il existe en pays fétichiste des sujets capables de devenir des hommes d'élite, entre les mains des Européens. Il ne s'agit pas de savoir si, à force de formations et de culture, on arrivera à adapter des individus d'exception à certaines fonctions, à certaines professions européennes, mais de savoir si en général les peuples que nous avons vaincus dans nos guerres coloniales, ou avec lesquels nous avons passé des traités d'alliance, seront capables de répondre aux sollicitations de mise en valeur psychologique exprimées par les nations métropolitaines, c'est-à-dire si celles-ci trouveront chez eux des hommes capables de constituer les cadres subalternes, supérieurs et généraux d'une armée en marche vers des progrès intellectuels incessants et des conquêtes morales nouvelles.

Le mot « fétichiste », que l'on a employé pour caractériser les populations dont nous allons parler prête à confusion. Les fétichistes sont ici les Noirs de l'Afrique Occidentale qui originairement vivaient à un état très rudimentaire au point de vue matériel et qu'on pouvait appeler « primitifs » à cause de cela. Ceux qui parmi eux se sont élevés très rapidement au-dessus des masses ont été d'abord les chrétiens.

Nous parlerons donc des chrétiens, d'évolution européenne toute récente, et évadés définitivement du fétichisme. Mais, nous pouvons convenir que l'état psychologique qui a précédé la conversion et l'adoption européenne domine la question des élites que nous étudions.

Quels étaient donc ces peuples dans leur existence de peuples ?

On a eu tort de croire qu'ils vivaient à un état de tribus morcelées à l'infini. Sans doute, dans la forêt, les populations ont été empêchées de s'agglomérer, et ont vécu en villages séparés, limités dans leur développement par le manque de communication, et ressentant dans leur vie sociale et surtout politique tous les inconvénients de cette vie, réduite à celle de la famille sans rayonnement militaire, sans conquête, sans richesse, sans grandeur.

Mais ces villages isolés parlaient une langue commune, avaient une même religion, obéissaient à des traditions identiques dont l'isolement intensifiait la sauvegarde, le spiritualisme et la rigueur, comme il arrive à toutes les minorités dispersées et vivant dans un milieu hostile, de sorte que la paix française qui leur a permis de se rapprocher les a trouvés profondément semblables les unes les autres. Cette existence en forêt n'a pas été universelle, parce que les pays de l'Afrique Occidentale ne sont pas tous couverts de forêts, loin de là, Monsieur Deffontaines[18] nous l'a démontré avec beaucoup de clarté.

Les populations des savanes, ou de la forêt secondaire, constituent des peuples bien caractérisés, ayant le même genre d'armes, de costumes, d'habitations, d'instruments de travail, obéissant à un Roi héréditaire, occupant des terres qui avaient des frontières bien précises, possédant un code complexe de législation civile, célébrant dans des fêtes publiques l'avènement ou la mort du Roi, ou les différentes solennités en l'honneur des ancêtres ou des divinités. Les victoires ou les défaites des expéditions militaires donnaient une âme commune aux foules, lesquelles élevaient leurs joies et leurs tristesses à la hauteur des

---

[18] Sans doute *Pierre Deffontaines* (1894-1978), géographe et disciple de Jean Brunhes.

triomphes ou des deuils nationaux. Les multiples défenses ou commandements, réglant la vie sociale, tenaient leur obligation de l'autorité incontestée de la tradition qui revêtait un caractère sacré par le fait que les ancêtres étaient tous divinisés.

En dehors des chefs de famille, des chefs de village, des chefs de pays, il n'existait aucune hiérarchie parmi les représentants de la race. Tout le monde était d'une certaine manière au service du Roi, puisque le Roi seul était propriétaire des terres, et que tous les hommes étaient paysans. Quelques-uns de ces paysans pouvaient être particulièrement employés dans la maison du roi ; comme ses ministres, ses dignitaires, ses juges, ses devins, ses prêtres, mais ces fonctions accidentelles ne les élevaient pas au-dessus de la classe unique des autres sujets, comme nous l'avons dit plus haut.

On faisait peu de commerce. Cependant, des marchés locaux avaient lieu tous les cinq jours et l'on se rendait parfois à l'intérieur d'un même peuple, d'un bout à l'autre du royaume pour certains achats, voyageant en caravanes ; ces caravanes franchissaient les frontières dans certains cas.

Il n'y avait ni écriture, ni science. Mais aucun de ces pays n'ignorait l'histoire de sa race, les obligations envers le roi, envers la religion, ils connaissaient tous leur cérémonial ou leur liturgie qui étaient compliqués, ils savaient par cœur les chants funèbres, militaires, religieux, ils connaissaient aussi un grand nombre de légendes qui forment le fond de la littérature et de la philosophie orales de ces pays, Hommes d'observation, ils avaient donné à l'empirisme médical en particulier, une perfection qui approchait de l'art.

Grands parleurs, ils se plaisaient aux palabres sans fin, où l'on apprend toutes les complications d'une langue riche en nuances linguistiques ou phonétiques.

Historiquement parlant, l'état dans lequel vivaient ces peuples en temps de paix ne nous est pas inconnu, il a été celui des populations de l'Europe Occidentale, avant l'ère chrétienne.

Littérairement parlant, ces paysans qui vivaient dans un pays riche sous un ciel clément, s'apparentaient à ceux des Géorgiques.

Un jour ces hommes eurent à faire aux Blancs, qui vinrent guerroyer dans leur pays, ou leur proposer, de riches cadeaux à la main, de préférer un drapeau européen à un autre. Les Rois signèrent des traités de paix et des traités d'alliance. Bientôt un nouvel ordre des choses succéda à l'ancien. Des Blancs se répandirent partout dans le pays. Les uns achetaient cher des récoltes invendues jusque-là, les autres empêchaient les guerres, supprimaient la traite des esclaves et faisaient régner la sécurité sur les chemins.

Mais on s'aperçut aussi que le Roi avait perdu son autorité, que certains sacrifices religieux étaient contrôlés ou même interdits, que les arrêts des tribunaux n'étaient pas conformes à la tradition.

Des malheurs publics, comme la sécheresse, des inondations ou des épidémies furent interprétés comme un signe de la colère des Dieux.

Les consciences froissées, effrayées, dictèrent de protester contre ces nouveaux sacrilèges. Des révoltes timides d'abord, violentes ensuite, marquèrent que les indigènes ne ratifiaient pas les nouveaux actes de l'autorité des Blancs. Mais les victoires continues de ces derniers firent comprendre qu'il fallait se résigner à la situation de fait. Celle-ci d'ailleurs ne manquait pas d'avantages.

On finit donc par se rallier aux nouveaux maîtres du pays qui, dans ces changements, les uns bienfaisants, les autres incompréhensibles, représentaient sans doute, pensèrent les Indigènes, la volonté de Dieu.

Et puis, il y avait une place à prendre auprès des Blancs qui avaient donné accès à toutes les races, à toutes les tribus, autant choisir la bonne qui était de s'adapter aux méthodes européennes.

Deux choses s'imposèrent immédiatement à l'attention des Noirs, il paraissait indispensable de connaître la « langue » des Blancs et un intermédiaire nouveau devenait très utile aux transactions que l'on voudrait intègres, aux contrats que l'on voudrait définitifs : « le papier ».

Par fatalisme de vaincus et par opportunisme de faibles, ils décidèrent de tenter un essai loyal de collaboration.

Pendant que les Noirs raisonnaient ainsi, les Blancs dans la pénurie du personnel européen songeaient à recourir à des auxiliaires indigènes pour assurer les services subalternes de l'administration et du commerce.

Les Missionnaires avec leurs écoles se donnèrent la mission d'enseigner les éléments du français et de l'arithmétique aux enfants qui venaient spontanément à l'école ou à ceux que l'administration demandait officiellement aux chefs.

Les éléments véritablement indigènes de la population n'arrivaient pas au commencement à prendre figure au milieu des auxiliaires recrutés dans de plus vieilles colonies (comme le Sénégal et le Gabon) qui s'acquittaient de leurs fonctions avec une réelle supériorité technique dans les emplois de l'administration, dans ceux du commerce, ou dans les métiers spécialisés.

A cette époque lointaine, au Dahomey, à la Côte d'Ivoire et ailleurs, je le présume, on ne se représentait pas un autochtone prenant comme mécanicien la conduite d'une locomotive, comme instituteur la direction d'une école, comme infirmier la responsabilité d'un dispensaire, comme employé de commerce la charge d'un comptoir de la brousse.

Les choses allaient vite changer. Je ne m'attarderai pas à tracer un tableau détaillé de la rapide adaptation d'un certain nombre d'indigènes aux situations européennes, parce que je ne veux pas faire l'histoire de cette adaptation, mais donner les principaux résultats. Je dirai seulement ce que l'on peut constater après des trente ou quarante ans d'efforts dans une colonie comme le Dahomey.

On dit communément en A.O.F. que les Dahoméens sont des Noirs d'une intelligence particulière. Je crois qu'il ne faut rien leur accorder au préjudice de leurs congénères : les Noirs des autres races. Mais les Dahoméens, qu'il s'agisse des Yoroubas[19], des Minas, des Alladanous, des Mahis, des Fons (car tous ces groupes sont désignés « in globo[20] » sous le nom de Dahoméens), ont donné des preuves indiscutables de leur savoir-faire, non

---

[19] *Yoruba, Mina, Alladanou, Fon, Mahi,* groupes ethniques du centre et du sud du Dahomey-Bénin.
[20] *inglobo :* dans leur ensemble.

seulement dans leur pays, mais au Togo, au Cameroun, au Congo Belge, à la Côte d'Ivoire, au Sénégal.

On s'est trompé quand on leur a donné comme âge intellectuel la date de la conquête, car les Dahoméens ont bénéficié d'un appoint considérable dans cette marche vers l'européanisation. Ils y ont été entraînés par une élite de chez eux ; des anciens esclaves libérés du Brésil qui revinrent vivre dans leur pays d'origine au milieu du siècle dernier, y apportant, en même temps que la Foi Chrétienne, la connaissance du Portugais, l'exercice des professions européennes comme celle de charpentier, d'ébéniste, de bijoutier, de tailleur, etc. La plupart avaient reçu une bonne instruction primaire, quelques-uns avaient suivi des cours d'enseignement secondaire.

L'initiation des Dahoméens a eu donc le double avantage d'avoir été faite sans contrainte puisqu'elle a précédé l'arrivée des Blancs, et d'avoir été entreprise par d'autres Noirs sur le plan d'une mutuelle compréhension. Elle n'est exceptionnelle que de cette manière.

On constate actuellement en A.O.F. que beaucoup de races prennent le départ pour l'adaptation européenne donnant autant de gages que les Dahoméens au succès de leur éducation nouvelle.

Quoiqu'il en soit des résultats possibles, voici un aperçu général de la place occupée par des Indigènes dans le Commerce, l'Administration, les Entreprises au Dahomey. De loin, on se représente mal la vie coloniale qui apparaît à plusieurs comme un agréable farniente que rendent possibles les facilités d'un travail rudimentaire en toutes choses et que rendent nécessaires les menaces d'un client impitoyable. La réalité ne correspond guère à ce mirage qui serait d'ailleurs décevant pour les hommes d'action que sont les coloniaux. La vie coloniale pour le commerce n'est ni plus ni moins qu'un champ clos où les concurrences se livrent un combat acharné qui est de tous les jours : chasse aux produits agricoles du crû : café, cacao, coton, kapok, oléagineux de toutes sortes ; course aux cotes des bourses de Marseille, du Havre, de Liverpool, de Hambourg, surmenage des jours de départ de courriers, des jours de débarquement des marchandises, ou d'embarquement des produits, difficultés de transports, toutes choses qui demandent de l'intelligence des situations, la compréhension des hommes, le sens des affaires, la mise en œuvre des expédients les plus aptes à devancer les concurrents, à prévenir le goût de la clientèle, etc.

La Direction Générale des établissements d'une société commerciale, la gérance des trois ou quatre maisons principales, les fonctions d'inspecteur, de transitaire sont confiées évidemment à des Européens. Mais il reste une belle place autour de ces états-majors pour leurs lieutenants indigènes, dans les stores, les boutiques, les cours, les bureaux, pour la vente en gros, la vente au détail, l'achat et le démarchage des produits, le contrôle de leur qualité, leur expédition par gros tonnage sur les navires. Quand un employé s'est signalé par son intelligence, son activité, son honnêteté, on lui confie un poste isolé de la brousse, où il trouvera les mêmes difficultés que dans les grandes maisons : rivalité commerciale pour la vente des marchandises venues d'Europe, pour l'achat des récoltes, expéditions encombrantes, comptabilité difficile et conduite du personnel délicate.

Il existe ainsi au Dahomey, et à la Côte d'Ivoire, dans les banlieues des grandes villes ou dans leurs quartiers excentriques ou le long des voies ferrées, de nombreux centres de population, qui sont les chefs-lieux commerciaux de vastes régions et dont les établissements sont tenus uniquement par des indigènes, visités de temps à autre par un inspecteur blanc qui vient prendre les inventaires.

J'ai entendu dire à plusieurs agents généraux que quelques-uns de ces employés indigènes valaient des Européens. Les salaires mensuels qu'ils reçoivent sont de cinq cents à mille deux cents francs, sans parler des gratifications qui se donnent dans certaines grandes maisons.

Je citerai l'exemple remarquable d'un comptoir de l'Intérieur (dépendant d'une maison anglaise : la Maison Swanzy). Ce comptoir est à la tête d'un district qui comprend les localités de Savé, d'Abomey, de Savalou, de Ouensougou[21]. Il est dirigé avec responsabilité entière par un jeune homme de couleur

---

[21] Localités importantes du centre du Dahomey.

qui n'a pas trente ans et qui a sous ses ordres cent cinq employés indigènes, dont dix pour les bureaux, quinze pour les magasins (tous catholiques).

La maison achète par mois 350 à 400 tonnes de produits : huiles palmistes, coton, beurre de karité au prix moyen de 1500 francs la tonne. Les différentes boutiques du district qui écoulent des étoffes font des recettes qui oscillent autour des 300.000 francs par mois, ce qui fait un chiffre d'affaires approximatif pour l'année de près de 6.000.000 pour les achats et de 4.000.000 pour les ventes.

Il y a quelques années j'aurais pu citer le cas très honorable pour les indigènes, des traitants, agents intermédiaires entre le producteur et l'acheteur européen. Mais la crise économique actuelle, qui désole nos colonies, a exercé ses ravages particulièrement parmi ces négociants qui s'étaient élevés au-dessus de la condition d'employés, puisqu'ils achetaient et vendaient pour leur propre compte, courant des risques, faisant aussi des gains inespérés, selon les cotes des bourses européennes, hommes d'initiative et d'audace, de persévérance et de méthode sur lesquels il était permis de fonder les plus beaux espoirs pour la création d'un commerce local indépendant. Ces commerçants auraient édifié des fortunes personnelles, se seraient perfectionnés dans les méthodes du commerce européen, de sorte qu'ils auraient constitué une classe supérieure dans les sociétés indigènes, capables par leur fortune de faire donner à leurs enfants une instruction européenne et de constituer un commencement de classe dirigeante, comme cela s'est vu ailleurs, dans les riches colonies agricoles de la Nigeria, de la Côte d'Or, et comme cela se verra bientôt à la Côte d'Ivoire. Malheureusement le libre jeu de la concurrence a tué cette branche de l'activité locale, ou du moins fortement diminué son contingent et ses possibilités.

Ceux qui restent font bonne figure, quatre d'entre eux font partie du Conseil Directeur de la Chambre de Commerce (qui est de douze membres) trois autres ont été élus au Conseil d'Administration de la Colonie, qui est composé des Directeurs des services de l'administration, des Représentants Européens les plus notables de la Chambre de Commerce et qui est présidé par le Gouverneur de la Colonie (celui-ci se fait accompagner chaque année par l'un de ses trois délégués indigènes aux sessions du Conseil du Gouvernement Général à Dakar).

Il est utile de nous demander pour l'étude que nous poursuivons quelle est l'instruction moyenne de tous ces jeunes gens dont je viens de parler ; la majorité des employés, même ceux des bureaux sortent de l'école primaire, ayant obtenu leur Certificat d'Études. Quelques autres ont reçu une instruction complémentaire qui a duré un ou deux ans après leur Certificat d'Études. Je citerai enfin ceux qui ont complété leur instruction en prenant des leçons particulières ou en recevant de France des cours par correspondance.

Les maisons de commerce sont si satisfaites de ces employés indigènes qu'elles ont offert à la Mission Catholique qui les a presque tous formés, de fonder une école commerciale, presque à leurs frais. Cette école donnerait aux élèves, pour commencer, une instruction équivalente à celle du Brevet Élémentaire, ce qui permettrait de fournir des titulaires stables aux principaux services des Maisons, pendant le temps que les Européens sont obligés de retourner en France pour leur santé. Les firmes qui ont pris cette initiative et ont versé déjà de fortes cotisations sont la Compagnie F.A.O., la S.C.O.A., la B.A.C., la B.P.A., la Maison Valla & Richard, la C.I.C.A.

Comment expliquer une adaptation si rapide et aussi parfaite aux emplois du commerce européen, étant admis l'effort des éducateurs, missionnaires et celui des commerçants eux-mêmes qui ont formé ces jeunes gens à leur profession ?

1. Par la disposition naturelle des Noirs du Golfe de Guinée au commerce, disposition dont on constate les manifestations dans l'état pré-européen où les grandes personnes et les enfants eux-mêmes s'improvisent petits commerçants avec une facilité remarquable dont il serait trop long de donner des exemples.

2. Par la facilité d'adaptation des Noirs en général qui apprennent les langues européennes, se servant de nos perfectionnements mécaniques avec une extrême rapidité. Il est peu de pays où la domesticité est aussi facile à former même si l'on recrute ses serviteurs dans les races les moins évoluées de l'intérieur. Un ingénieur de la maison de constructions

métalliques Dayde qui me faisait visiter les beaux travaux du port d'Abidjan me disait en me montrant des Noirs qui réunissaient entre elles des tôles en les rivant par les procédés les plus modernes (une machine à air comprimé) : « *Nous ne sommes jamais embarrassés pour la main-d'œuvre, chaque jour des ouvriers se présentent pour nous demander du travail et il nous est facile de les spécialiser dans telle ou telle branche de nos grands travaux, tellement les Noirs s'assimilent sans peine à nos techniques professionnelles* ». Le Directeur des ateliers du Chemin de Fer du Dahomey avait fait devant moi la même remarque quelques semaines auparavant.

3. Parce qu'ils sont neufs, ces peuples ont, en même temps qu'une aisance très caractérisée à s'adapter à l'inconnu européen qui est pour eux universel, un grand désir de « se réaliser », si je puis m'exprimer ainsi, en profitant des circonstances favorables dans lesquelles ils se trouvent pour sortir par leur valeur personnelle de la masse si rigoureusement nivelée où les faisait vivre l'esprit collectif des communautés primitives.

Les Noirs manifestent pour les carrières administratives un goût plus prononcé encore que pour le commerce. Cette disposition au fonctionnarisme vient de ce que ces populations n'ont connu au cours des âges qu'une élévation qui était d'ailleurs plus morale que sociale, celle qui rapprochait du chef. Pour elles, avoir un emploi administratif c'est "servir le roi", c'est-à-dire participer à la vie essentielle du pays. C'est aussi, à un point de vue moins philosophique, le gagne-pain le plus avantageux, celui qui est le moins susceptible de fluctuations et d'arbitraires. Appartenant à un cadre de fonctionnaire, ayant un grade avec les perspectives d'un avancement progressif et de la retraite définitive, l'indigène qui est précautionneux trouve en effet une grande sécurité dans l'administration, sans préjudice de l'honneur qu'il a de commander aux populations. Il apprécie, comme il convient, les insignes de sa fonction qui satisfont en lui moins le désir de paraître que celui d'affirmer la ségrégation dont ils sont l'emblème.

Les fonctionnaires jouent dans les colonies un rôle dont on ne comprend en France ni le caractère ni l'importance quand on s'étonne de leur nombre. On devrait être surpris au contraire que l'administration coloniale puisse suffire à tant de tâches avec si peu de personnel, et un personnel qui se renouvelle tous les deux ans, au moment des retours de France. Les fonctionnaires ce sont : les maires, les juges, les officiers d'état-civil, les écrivains expéditionnaires, les comptables, les agents du fisc, les percepteurs, les directeurs techniques de la vie économique, de la vie politique, de la vie financière du pays, ce sont encore les médecins, les gestionnaires, les infirmiers des hôpitaux, des centres vaccinogènes, des centres bactériologistes, les employés des travaux publics, des douanes, des postes, de l'enseignement, de l'enregistrement, de l'agriculture, de la police, etc.

Le mot « Services Administratifs » que l''on emploie pour désigner les différentes divisions du travail gouvernemental que nous venons d'énumérer mériterait d'être remplacé par le suivant « Services Organisateurs » parce que le travail des fonctionnaires ne consiste pas dans une vague, routinière et inutile bureaucratie, mais dans l'adaptation aux colonies d'un ensemble complexe d'initiatives, de contrôles et d'adaptations, qui requiert une grande activité et une large compréhension.

D'une manière générale, on peut dire que la vie coloniale met les hommes en face des difficultés auxquelles ils ne peuvent s'attendre. L'officier, le missionnaire, l'avocat, le médecin, etc., chacun dans son domaine se trouve en face de tâches ou de responsabilités qui sont en France le lot pour l'officier subalterne d'un officier supérieur, pour le jeune missionnaire d'un prêtre expérimenté, pour l'avocat d'un maître du barreau réputé, pour le médecin, d'un clinicien à toute épreuve. Il y a ainsi une sorte de transposition du travail sur un plan supérieur qui a l'avantage de révéler les hommes à eux-mêmes.

Dans quelles mesures les indigènes vont-ils être des auxiliaires utiles pour le labeur administratif ? Quelques chiffres, qui sont d'ailleurs approximatifs, diront, sans qu'il soit utile d'y ajouter des commentaires, quelle est la valeur de la collaboration indigène. Des Services comme la Santé, l'Enseignement, les Douanes, les Postes, etc., pour une colonie entière comme le Dahomey, fonctionnent avec deux cents employés environ : quinze européens, cent quatre-vingt-cinq indigènes. Dans un bureau de poste comme celui de la ville de Porto-Novo, chef-lieu de la colonie, le Receveur seul est européen. Tous les services sont assurés par des indigènes, les guichets, les mandats, les chèques postaux, la caisse d'épargne, les colis postaux, la comptabilité, etc. A l'intérieur du pays, les bureaux de poste ont un receveur indigène : la petite ville commerciale de Bohicon v.g. où le receveur gère plus d'un million de francs par an.

Autre exemple de collaboration indigène : sur la ligne de chemin de fer qui va de Cotonou à Savé (260 km) tous les chefs de gare sont indigènes, excepté celui de la station de Cotonou qui est la gare de départ.

Les deux services administratifs où les fonctionnaires indigènes ont acquis la plus grande compétence sont la Santé et l'Enseignement, le premier avec ses médecins auxiliaires, formés à Dakar, le deuxième avec ses instituteurs sortis de l'École Normale de Gorée. Les médecins auxiliaires donnent les consultations dans les dispensaires, pratiquent la petite chirurgie. Ils sont aptes à faire toutes les injections, vaccins anti-pesteux, sérums physiologiques, injections intraveineuses, ponctions lombaires, etc. Dans les hôpitaux, ils ont la garde de l'arsenal, assistent les chirurgiens dans les opérations, donnent le chloroforme aux opérés. Dans les postes isolés, ils ont aussi la surveillance de l'hygiène publique. L'un d'entre eux qui a fait un séjour à l'Institut Pasteur à Paris est bactériologiste. Un autre prépare les vaccins contre la variole. J'ai entendu un Médecin Chef, le Docteur Ferris, dire en parlant de l'un de ces jeunes gens : *« S'il me fallait subir une opération je me confierais volontiers à E... persuadé qu'il s'en tirerait très bien. »*

Les jeunes instituteurs qui sortent de l'école normale de Gorée constituent un corps très apprécié de maîtres de l'enseignement. Toutes les écoles élémentaires de la colonie sont dirigées par eux. Si les écoles régionales préparent au certificat d'études, elles ont pour directeur des Européens, les maîtres Indigènes en constituent exclusivement le personnel enseignant. On a vu des écoles régionales dirigées par des instituteurs noirs qui ne méritaient aucun reproche. Je citerai celles de Ouidah et d'Abomey, qui ont eu plusieurs fois pour Directeur un Indigène. L'École de Cové était récemment encore dirigée par un instituteur originaire du Dahomey.

J'ai entendu dire, lors d'un récent voyage, que le Gouvernement Général se préparait à supprimer tout un corps de fonctionnaires européens, les ''Services Civils'' dont la fonction est de servir de secrétaires et de comptables aux Commandements de Cercle. Ils seraient remplacés par des indigènes qui constitueraient un nouveau corps : les Services Financiers.

Ici, il faut rendre à César ce qui est à César. Le Gouvernement Colonial a pris pour obtenir ces résultats les moyens les plus aptes à promouvoir la création de ces précieux auxiliaires :

- Il les a instruits.

- Il les a organisés en corps.

- Il leur a donné progressivement des cadres de plus en plus favorisés en avantages moraux et financiers.

1. Il les a instruits, créant dans la colonie toute entière des concours qui ont amené les meilleurs élèves des écoles élémentaires aux écoles régionales, des écoles régionales aux centres scolaires du Chef-lieu, des centres scolaires du Chef-lieu aux écoles de Gorée et de Dakar avec des programmes qui comportaient : sept ans d'études avant le certificat d'études, sept ans d'études après le certificat pour les médecins auxiliaires, cinq pour les instituteurs.

2. Il les a organisés en corps, délimitant leurs fonctions, organisant leurs statuts, réglementant leur avancement, préparant leur retraite, leur assurant des indemnités de voyage, de maladie, de vie chère, de charges de famille, etc.

3. Il a constitué des cadres successifs, ce qui est le meilleur moyen de préparer la constitution des élites.

Au début de la colonisation, quand les différentes colonies formaient des entités indépendantes, on a constitué des cadres locaux pour les fonctionnaires indigènes qui ne pouvaient être appelés à servir dans les colonies voisines. Puis quand le Gouvernement Général a été établi et qu'on a fondé à Dakar des écoles normales et des écoles de médecins, les élèves qui sortaient de ces écoles formèrent le cadre secondaire, ils pouvaient servir dans toutes les colonies du groupe. Enfin, l'on vient de commencer dans ces dernières années à constituer un autre cadre supérieur pour les fonctionnaires indigènes qui ont obtenu leur naturalisation et qui subissent certains examens.

Le cadre supérieur existe déjà pour les agents des Postes, les employés des Douanes, les comptables des Travaux Publics, les Services Financiers, les Commis Greffiers. Les jeunes gens qui entrent dans ces cadres ont des responsabilités plus grandes, mais ils obtiennent des avantages appréciables de solde et d'indemnité. Ils sont assimilés d'une certaine manière aux Européens, du fait de leur naturalisation Française.

Quand l'administration a créé les cadres, elle se proposait surtout de recruter des fonctionnaires qui assureraient leur service avec plus de compétence et plus de responsabilité et feraient faire des économies au budget en rendant inutile la présence de certains employés métropolitains. Mais elle a atteint bien d'autres buts : elle a donné le sens de l'aptitude aux fonctions, stimulé le goût des études, encouragé la persévérance dans le travail, de sorte que les jeunes gens d'aujourd'hui qui débutent dans la carrière administrative ont la louable ambition de passer dans ces cadres supérieurs.

Les uns profitent de leur service militaire, qui les fait séjourner en France, pour compléter leur formation générale ou se spécialiser dans une branche des connaissances administratives. Les autres s'abonnent aux cours par correspondance ou se font donner des leçons par des Missionnaires ou des Instituteurs. Les plus anciens fonctionnaires de ces cadres supérieurs caressent déjà un autre rêve qui se rapporte, lui aussi, à ce mouvement ascensionnel qui est la caractéristique de ces peuples neufs ; ils cherchent à obtenir des facilités de voyage ou des bourses pour envoyer leurs enfants en France afin que ceux-ci puissent entreprendre des études secondaires et supérieures qui les feront admettre dans les cadres métropolitains, en exercer les professions libérales comme celles de médecin, d'avocat, etc. A Bordeaux, à Marseille, à Angoulême, à Pau, à Paris, il y a présentement des enfants, des filles aussi bien que des garçons, qui font leurs études dans ce but.

A la vérité, nous revenons à cinquante ans en arrière quand les Frères de Ploërmel[22] formaient à Saint-Louis et à Gorée des élèves qui allaient terminer leurs études en France dans les collèges de la congrégation, celui de N.D de Toutes Aides à

---

[22] Les '*Frères de Ploërmel*' forment une congrégation religieuse de frères enseignants, fondée en 1819 par les abbés J.M. de La Mennais et G. Deshays.

Nantes, en particulier. Ces élèves, tous africains, sont devenus des avocats, des ingénieurs, des médecins, des hauts-fonctionnaires. Il y a un mois je rencontrais l'un d'eux, Chef de Service des Douanes à la Côte-d'Ivoire et Chevalier de la Légion d'Honneur. Il me faisait part de l'éducation qu'il a fait donner à ses filles : l'une d'elles est licenciée es-lettres et professeur de langues vivantes (anglais) dans un lycée, s'élevant par conséquent d'un degré au-dessus des études faites par son père, suivant la grande loi qui semble dominer la vie sociale de ces pays neufs : s'élever, encore s'élever, toujours s'élever.

Il est bien douloureux de penser que cette œuvre magnifique des Frères de Ploërmel fut interrompue par le Gouvernement Métropolitain qui a expulsé en 1904 du Sénégal ces admirables religieux que l'on n'a pas encore remplacés et que réclament toujours les catholiques et les musulmans du Sénégal. C'est que la population de l'A.O.F. comme toutes les populations indigènes en général, qui ont un grand sens moral et des aspirations religieuses plus développées encore, ont compris depuis longtemps que l'instruction, si brillants, si bienfaisants que soient les résultats, ne suffit pas à donner à un homme sa véritable valeur. Elles préfèrent dans les hommes qui les mènent, le caractère au talent, parce qu'elles se sont accommodées pendant toute leur vie historique d'une chefferie sans instruction mais qui s'imposait au respect de tous par sa dignité personnelle, sa soumission aux traditions, sa fidélité aux cultes de la race. Nous pensons, aussi, nous Européens que les élites ne sont capables de servir les masses dans les grandes circonstances de leur vie, d'être le sel de leur conservation sociale, les agents de leurs progrès économiques, de leurs destinées politiques, qu'à la condition de se conformer elles-mêmes aux principes de la morale éternelle et aux inspirations d'un christianisme intégral, dans la vie privée, leur vie familiale, leur vie sociale.

Et c'est ici que nous touchons au point le plus délicat en ce qui concerne le caractère des élites du pays africain de passé fétichiste, et de présent chrétien, l'un venant se succéder à l'autre sans transition.

Quelle sera leur moralité ? A la vérité, les témoignages des Blancs à ce sujet paraissent accablants. Mais les reproches des

Européens ne sont-ils pas superficiels, illogiques et inconsidérés ? D'autre part, quelles ont été les véritables causes des désordres que l'on reproche aux Noirs ? Ces désordres sont-ils sans explications, sinon sans excuses ? N'ont-ils point de remèdes ?

Les Européens sont superficiels dans leurs reproches quand ils formulent une loi générale de quelques cas particuliers, comme cela est fréquent ; exemple : un boy a menti, non seulement on dira : tous les boys mentent, ce qui serait déjà une généralisation téméraire, mais les Noirs sont des menteurs, sans distinguer entre les serviteurs des Européens et les foules indigènes qui n'ont aucune ressemblance avec eux, sans distinguer entre les jeunes gens parmi lesquels se recrutent les boys et les personnes plus âgées, sans distinguer entre les races qui fournissent la domesticité.

Les Européens sont illogiques quand ils disent : les Noirs ne nous prennent que nos vices. Sans aller jusqu'à répondre à ces Européens : ils ne prennent que ce que vous leur donnez, ne pourrait-on leur demander quelles leçons, quels exemples de morale certaine, de religion pratique ils ont donnés autour d'eux ?

Il faudra des siècles pour que les Noirs nous valent, affirment les autres à la légère. Est-on bien sûr que des siècles de fréquentation européenne, car on suppose que les Blancs continueront à être leurs éducateurs, feront beaucoup de bien aux indigènes, quand un contact de quelques lustres a fait tant de mal à la moralité individuelle.

Pourquoi parler de siècles d'ailleurs ? Les siècles donnent un âge et souvent la vieillesse aux peuples, ils ne leur confèrent pas de qualité, si dans la succession des siècles se produisent des reculs ou simplement des arrêts dans l'évolution morale, comme nous le voyons par notre propre histoire. La question de moralité des Élites indigènes, que nous voulons associer à notre action européenne, doit être traitée avec plus de profondeur, de vérité et de justice.

La vie morale des individus, la vie morale des peuples ressemblent souvent au cours d'une rivière dont les eaux se polluent au fur et à mesure qu'elles s'éloignent de leur source, parce qu'elles reçoivent des impuretés des rives qui se désagrègent à leur passage, des affluents qui reviennent grossir leur cours. Si nous remontons à la source de la vie morale des populations africaines, c'est-à-dire si nous examinons quelle était leur existence avant l'arrivée des Blancs, que trouverons-nous ? Au point de vue matériel : une vie paysanne pauvre, sans convoitise ; au point de vue social : une vie collective ne faisant aucune place aux manifestations de l'individualisme, encore moins aux hypertrophies de l'égoïsme ; au point de vue moral : un contrôle minutieux et impitoyable de toutes les fautes dont aucune n'était laissée sans sanction ; au point de vue spirituel, une vie religieuse intense, exagérée, confisquant toutes les lois du monde physique, de l'ordre social, du code civil, des professions manuelles elles-mêmes au profit de la divinité qui était le cosmos lui-même encore plus que son maître, qui était aussi la hiérarchie entre les sujets et les chefs, le respect entre les enfants et les parents, l'obéissance des serviteurs envers les maîtres, plutôt que l'autorité qui les prescrivait.

Il n'est pas difficile de deviner ce que va devenir la limpide mentalité des populations primitives quand celles-ci vont rencontrer pour la première fois l'argent avec ses facilités d'achat et sa puissance de corruption, la liberté individuelle avec ses ivresses, puis notre indifférence (que nous appelons respect de la vie privée) pour les fautes qui ne tombent pas sous la loi ou les règlements de police, et surtout notre croyance aux causes secondes qui sera un redoutable laïcisme là-bas, quand elle prouvera que les épidémies ne sont pas des fléaux de Dieu, que les chefs, les ancêtres, les parents sont des personnes comme les autres, que les travaux des champs, les voyages, les tractations politiques, les relations d'affaires ne sont point choses religieuses.

Je crois qu'il faut attribuer à la désillusion mystique, conséquence de ce laïcisme, au relâchement intérieur, suite de la détente des disciplines extérieures, le manque de moralité que certains indigènes font apparaître dans leurs fonctions européennes ou dans leurs rapports avec des Blancs et qui permet de dire que des siècles seront nécessaires pour qu'ils acquièrent notre potentiel de moralité.

Il fut un temps où ces désillusions et ces relâchements auraient pu ne pas avoir lieu, quand l'arrivée des premiers Blancs dans les pays d'outre-mer prit à l'improviste les populations indigènes qui les vénérèrent à l'égal des dieux et leur furent soumis en conséquence. L'enchantement dura fort peu de temps, mais il a laissé un souvenir, c'est que les Noirs n'ont jamais refusé leur obéissance ni leur respect à ceux chez qui ils ont reconnu des qualités chrétiennes éminentes. Tous les Missionnaires pourraient citer des exemples de la considération dont ont joui les fonctionnaires, les commerçants qui étaient des chrétiens convaincus et pratiquants.

Les problèmes des élites indigènes qui paraissent bien être un problème de moralité plutôt qu'une question de capacité (dont j'ai donné des preuves) est donc en définitive un problème religieux. Le christianisme peut seul précipiter les matières en suspens qui ont souillé dans son cours de la source primitive et seul concilier pour ces peuples la liberté avec la discipline, la science avec la foi.

Les Élites indigènes pourront fournir dès lors une collaboration sans reproche à la civilisation européenne, mais il faudra qu'elles soient religieuses, et parfaitement religieuses. C'est le résultat que poursuivent les Missionnaires et s'ils ont pu former, avec des élèves d'école primaire, des légions de bons employés de commerce qui rendent des services très appréciés, c'est que ces élèves ont trouvé dans la pratique de leur religion les motifs surnaturels qui font voir dans tous les supérieurs des représentants de Dieu et dans tout travail une succession de prières, un gage de salut éternel.

Il faut regretter profondément que l'enseignement officiel, dans ses petites et dans ses grandes écoles écarte systématiquement de ses programmes la formation religieuse. Il refuse ainsi aux âmes de ses élèves un aliment spirituel qui leur est indispensable. Il se refuse à lui-même la satisfaction de former des hommes qui seraient prêts à leur tâche morale dans les fonctions utiles ou délicates auxquelles il les destine. Et surtout il ne se conforme pas en agissant ainsi à l'une des plus grandes lois de la colonisation, sinon la plus grande, « la mise en valeur » qui dans le domaine économique consiste à faire apparaître et à exploiter les richesses matérielles des colonies et, dans le domaine intellectuel et moral, à découvrir et à utiliser les capacités spirituelles des populations. On ne ferait pas des civilisés avec de vrais sauvages s'il en existait sur la terre. Mais avec des hommes vivant déjà en société humaine, possédant au maximum le sens de la conservation et de l'accroissement de leur propre collectivité, on arrivera sans peine à une éducation qui élèvera leur notion de la tribu à l'idée d'une grande patrie, leur honnêteté naturelle aux idées morales les plus élevées, leurs humbles et confiantes supplications envers les divinités aux sublimités de la prière.

Quelle sécurité dans cette méthode ! Puisque l'on constate que les populations indigènes sont « profondément » religieuses on pourra leur demander d'être, après leur conversion « intégralement » chrétienne, et l'on sera certain d'obtenir non seulement la conscience professionnelle dans les fonctions, mais encore la dignité de la vie privée et dans le mariage chrétien le couronnement de celle-ci, par l'élévation de la femme au niveau social du mari, et par l'éducation des enfants sur un plan assez souvent supérieur à celui des parents.

Il faut reconnaître qu'en fait, il y a association entre l'œuvre d'instruction entreprise par le Gouvernement et la Religion représentée par ses Missionnaires et les Religieuses parce que dans certains pays, comme le Dahomey et la Côte d'Ivoire les élèves des écoles primaires supérieures du Gouvernement sont recrutés dans les familles catholiques ou sont des anciens élèves des écoles des Missions.

C'est ainsi que, la proportion des fonctionnaires et des employés catholiques est de 90% pour le Dahomey. Cette proportion est encore plus élevée pour les élèves sages-femmes recrutées dans l'A.O.F. toute entière, où les musulmanes instruites sont pourtant nombreuses. On pourrait dire qu'ici la collaboration entre le Gouvernement et les Missions par l'intermédiaire des écoles des Religieuses est complète. Cette collaboration est récente, elle date d'une dizaine d'années quand le Gouvernement Général a créé une école d'élèves sages-femmes et un cadre de sages-femmes. Les Religieuses s'étant rendu compte que ces sages-femmes recevaient un haut salaire, ce qui contribuerait à assurer leur indépendance privée et leur honneur, s'étant rendu compte aussi que l'internat ouvert à Dakar pour ces jeunes filles présentait toutes les garanties morales et religieuses désirables, présentèrent de nombreuses élèves aux examens d'admission à l'école des sages-femmes. Elles ont recommencé chaque année comprenant que l'œuvre entreprise était une œuvre d'éducation morale des populations encore plus qu'une œuvre de puériculture. Les Directeurs des services de santé des colonies reçurent avec confiance ces jeunes sages-femmes de dix-huit et de vingt ans qui, pensaient-ils, avaient dû apprendre auprès des Religieuses comment on se consacre à une œuvre et comment on se dévoue pour son prochain. Cette confiance a été poussée si loin qu'on a cru pouvoir envoyer ces enfants qui appartiennent au cadre secondaire dans des colonies autres que leurs colonies d'origine. C'est ainsi que voyageant en Côte d'Ivoire, j'ai trouvé à Bouaké une jeune fille du Dahomey qui remplit dans cette localité les fonctions de son état. Elle est la seule Dahoméenne de la région, la seule 'femme' du service de santé et elle restera cinq ans dans cet éloignement de son pays et de tout milieu féminin. Pour la consoler de cet isolement et de cet exil, je lui ai fait comprendre qu'on lui faisait un grand honneur en lui imposant de tels sacrifices parce que l'on supposait que sa formation morale, appuyée sur des principes religieux, sur sa vie chrétienne de chaque jour, pouvait suffire à la faire s'acquitter des grands devoirs qui lui étaient confiés.

Avant de terminer, en parlant du rôle de ces élites vis-à-vis des masses, je voudrais faire plusieurs remarques qui auraient demandé d'être plus longuement exposées, ce que je n'ai pu faire pour ne pas trop dépasser l'heure qui nous est accordée :

*Première remarque* : On se persuadera sans peine après ce qui précède que c'est une erreur de prétendre, comme on le fait couramment, que les Africains devront passer par le stade des professions manuelles avant d'accéder aux professions semi-libérales ou libérales.

*Deuxième remarque* : Ce serait une autre erreur de croire que ne font pas partie des élites ces artisans noirs, chrétiens, qui vivent noblement du travail de leurs mains, donnant l'exemple d'une conduite parfaitement chrétienne sous le rapport du mariage, constituant le noyau le plus solide de nos jeunes chrétientés pour la fermeté de leurs convictions, la force de leurs vertus.

*Troisième remarque* : Les Africains, qui sont encore païens, se complaisaient encore à entourer de respect et de vénération les descendants de leurs anciens rois, les 'princes', comme nous les appelons, qui manquent souvent du prestige du pouvoir ou de celui de la richesse, mais qui jouissent encore de la considération qui s'attache à tout ce qui représente le passé parfois glorieux de la race, parce qu'ils gardent dans leur dignité personnelle les traces du pouvoir de droit divin de leurs ancêtres.

*Quatrième remarque* : Les Missionnaires ont souvent le bonheur de convertir des jeunes gens, qui, leurs études terminées, trouvent plus facilement l'indépendance dont ils ont besoin pour adhérer à la Foi Nouvelle. Nous avons souvent constaté que ces recrues de la onzième heure donnaient des garanties particulièrement certaines de conviction et de persévérance.

Je n'ai pas traité ici la question assez compliquée des élites africaines ayant reçu leur formation intellectuelle, sociale et religieuse en France, parce que ces jeunes gens rentrant plutôt dans la catégorie des élites européennes en pays indigène, des super-élites comme nous l'avons vu au commencement, puisqu'ils feront partie le plus souvent du cercle métropolitain des fonctionnaires coloniaux et qu'ils seront appelés à servir dans des colonies qui ne sont pas leur colonie d'origine.

Je reviens donc à des élites, spécifiquement africaines, dont je vous ai entretenu tout au long de la présente leçon. On a dû s'apercevoir en écoutant cet exposé que ces élites formées pour venir en aide aux Européens, élevées selon des disciplines européennes, se présentent aux masses indigènes non pas comme venant de chez elles, mais comme venant de l'extérieur. Cela devient géographiquement vrai, bien souvent, car il ne faut pas aller loin en terre africaine pour passer la frontière. Le jeune médecin, la sage-femme, l'instituteur, l'interprète, le commerçant sont donc généralement des étrangers dans le pays où les envoient les nécessités du service ou le hasard des mutations administratives. Fussent-ils restés dans leur propre pays, leurs qualités de 'lettré' et de 'chrétien' leur eussent donné le même aspect. Cela importerait peu, s'ils n'avaient qu'à remplir des fonctions plus ou moins bureaucratiques. Mais loin de l'isoler des populations, leurs fonctions, leur emploi, les mettent en contact avec elles, et de la meilleure manière qui est celle d'une influence décisive en des matières délicates grâce à une bienveillance et un dévouement de tous les jours.

Prenons le cas de notre petite sage-femme qui offre à lui seul une image assez complète des devoirs complexes des agents de la civilisation européenne dans ces pays. L'administration l'a donc envoyée dans une ville où n'a jamais existé aucune crèche, aucune maternité. Elle a la consigne d'envoyer au chef-lieu à la fin du mois une statistique dûment établie, montrant qu'on lui amène des petits enfants à soigner et qu'elle a été appelée souvent auprès des femmes en couches. Mais dans les premiers jours, elle ne voit aucune maman apporter son bébé au dispensaire, et quand elle a parcouru le village descendant de bicyclette à la porte des maisons où elle a appris qu'une femme était enceinte, on l'a reçue poliment, on l'a écoutée parler avec attention, on l'a même approuvée d'avoir le généreux dessein d'arracher les mères à la mort, de donner la santé aux nouveau-nés, mais on ne s'est nullement pressé de demander des services. Qu'a-t-on besoin d'elle en effet, elle ne connaît ni les usages, ni les médicaments, ni les prières du pays en pareil cas. Va-t-elle démontrer que les matrones sont en général d'une grande incapacité, d'une folle imprudence. Qu'elle y prenne garde ! Car on va lui demander si une sage-femme comme elle présidait à sa propre naissance. Cependant ne vivait-elle pas ? N'était-elle pas bien portante et jolie personne par surcroît ? Alors ? Et des rires moqueurs accablent la pauvre messagère des Blancs et de leur science.

Alors commence un lent et dur travail d'enseignement et d'influence pour la sage-femme qui se contentera d'abord de soigner des enfants malades ou blessés, qui se réjouira d'être appelée dans des cas désespérés et qui mettra alors en œuvre toute son expérience, toute sa science pour faire le miracle qui lui est demandé.

Je connais des sages-femmes pour qui ce travail de préparation dure encore après quatre ou cinq ans. J'en connais d'autres qui ont réussi plus vite, et qu'on ne manque pas d'appeler de jour et de nuit auprès des malades qu'elles connaissent, dont elles ont surveillé la grossesse et qui écoutent leurs conseils, ont renoncé à l'empirisme maladroit, à des invocations idolâtres ou superstitieuses.

L'œuvre des médecins indigènes, des vaccinateurs, des hygiénistes, est la même, œuvre de lumière pour imposer peu à peu des convictions qui feront disparaître les préjugés néfastes.

Et l'on pourrait en dire autant des Instituteurs, des Interprètes, des Agents de culture, qui s'emploient à répandre à force de persuasion des bienfaits nouveaux parmi les populations paysannes.

Ce sont des prédicateurs qui ont fait depuis longtemps leurs premiers pas dans cette voie, quand, nouveaux chrétiens, ils ont annoncé le bienfait du Salut Spirituel parmi leurs parents, leurs amis, comme on voit que nos néophytes s'acquittent volontiers de ce généreux devoir, ce sont des 'guides', comme il convient que le soient des Élites.

Je n'oserai pas dire cependant que ces Apôtres ne manquent jamais de zèle, mais c'est par erreur plutôt que par faiblesse.

Il y a selon les Indigènes une marche normale des choses, à laquelle les Européens ne semblent pas se conformer, les médecins auxiliaires, les sages-femmes s'étonnent parfois qu'il faille dépister les malades parce qu'ils ont vu de tout temps pratiquer le contraire. C'est le malade qui va au médecin, ou quelques membres de la famille ; avant de s'adresser au médecin, n'ira-t-on pas ailleurs consulter le Prêtre ? Au lieu d'admirer que l'on crée des orphelinats pour les métis par exemple, les Africains s'étonnent qu'il y ait des enfants abandonnés ; il leur paraît que la société serait bien mieux constituée, s'il n'y avait pas d'orphelinat comme cela se passe chez eux.

Je n'oserai pas dire non plus que les masses indigènes regardent d'emblée comme leurs propres élites, ni même comme des Élites, les Auxiliaires indigènes des Européens. Ces masses ont en effet des conceptions du pouvoir et de la perfection morale qui les empêchent de reconnaître dans tel ou tel fonctionnaire indigène autre chose qu'une autorité de superfétation et des qualités conventionnelles qui n'ont de mérite ou de signification qu'en raison de la présence des Blancs dans leur pays. Malgré ces obstacles qui leur viennent de leur propre mentalité, malgré ces difficultés qui leur viennent des populations elles-mêmes, malgré le peu d'encouragement que leur accordent certains Blancs, les Élites Africaines dont nous venons de parler poursuivent inlassablement la grande œuvre pour l'accomplissement de laquelle le Gouvernement Colonial et les Missions les ont formées au prix de grands sacrifices et qui a pour objet de rapprocher les deux états humains, qui semblent si éloignés l'un de l'autre et qui ont pourtant à mettre en commun, l'Africain des vertus ingénues, l'Européen des progrès consommés qui seront, ceux-ci, une force, ceux-là, une parure pour l'humanité nouvelle que leur union doit produire.

# LES ÉLITES INDIGENES
# LES ÉLITES NOIRES

*Nous ne savons rien du lieu ni de la date de cette conférence. Cote aux Archives des Missions Africaines à Rome : 3H17.*

Plusieurs fois, l'an passé, l'apostolat de la prière a donné comme intention du mois, *les jeunesses des Missions.* Plus qu'ailleurs, en effet, dans les pays de Mission qui sont des pays neufs, la jeunesse est la génération de l'avenir. Il importe donc, après avoir prié pour elle, de l'étudier, de lui témoigner de la sympathie et même de lui prêter aide et assistance s'il en est besoin. Ce sera l'objet de la leçon de ce soir, car qui dit élites, dit jeunesse,

1. d'établir ce qu'on entend par élites, et élites chrétiennes en pays noir.
2. de faire connaître leurs aspirations.
3. de leur dicter leurs devoirs au nom de notre propre expérience de peuple chrétien.

Je me servirai pour cela de la documentation que j'ai pu rapporter du Dahomey, du Togo, de la Côte d'Ivoire que je crois connaître particulièrement, ces Missions étant confiées à mes confrères des Missions Africaines.

1Les élites chrétiennes en pays Africains (A.O.F.)

L'Église qui a la mission d'évangéliser le monde n'a écarté aucun peuple de sa sollicitude et on a vu les Missionnaires de tous les temps aller porter la vérité à toutes les nations, même aux plus attardées, les jugeant toutes dignes et capables de recevoir ce flambeau.

L'Église qui par le baptême conférait aux moindres des hommes la suprême dignité d'Enfant de Dieu, de citoyen au Ciel, de cohéritiers du Christ, constituait parmi les hommes non seulement des groupes d'Élus, mais des collectivités supérieures en élévation spirituelle à toutes celles qui les entouraient.

L'Église enfin avec son idéal de perfection évangélique, de charité chrétienne obligeait ses enfants à acquérir une particulière dignité humaine de sorte que les chrétiens doivent être dans les masses des lumières qui les éclairent et qui les guident. Après ces affirmations, nous sommes déjà préparés à entendre parler des élites chrétiennes en pays de Missions Africaines.

En fait nos Néophytes, en Afrique, parce qu'ils ont été admis dans une Religion qui est celle des Européens, parce qu'ils ont reçu assez souvent une instruction également européenne qui les élève au-dessus de leur milieu, en fait, dis-je, nos néophytes constituent dans les masses des catégories spéciales dont les circonstances pourront faire assez facilement des Élites.

Comment pourrait-il en être autrement v.g. de ces paysans qui, durant trois ou quatre années de catéchuménat, ont été en contact d'éducation, d'amitié avec le Missionnaire Blanc qui, par leur incorporation au groupe de fidèles, ont une première maison commune : la Mission, maison très considérée, et une deuxième maison commune : l'Église, édifice nettement supérieur aux lieux de culte de l'idolâtrie, qui par la dignité à laquelle sont élevées les personnes de leur famille : épouse unique, fils libres, serviteurs respectés, ont un genre de vie exempt de toute compromission, de servilité, de déchéance sociale ?

Comment pourrait-il en être autrement de ces ouvriers chrétiens des villes, de ces employés modestes pourtant du commerce et de l'administration qui par leurs capacités manuelles, par leur collaboration aux travaux des Blancs, se placent nettement au-dessus des corporations indigènes si peu techniques, si rudimentaires même ?

Mais c'est l'école qui, du point de vue humain, va faire des fils de ces paysans, des ouvriers, les vrais auxiliaires des Européens et constituer un élément intermédiaire entre ceux-ci et les masses indigènes qui méritera peut-être le nom d'Elite.

Que se passe-t-il en effet quand une nation européenne, à la suite de traités d'alliance, à la suite d'une pacification ou d'une conquête prend effectivement la direction sociale, politique, économique, culturelle d'un pays d'Afrique ?

Les exemples de cette substitution ne sont pas tellement éloignés de nous que nous ne puissions en discerner l'origine et les développements à 30, 40, 50 ans de distance.

Elle a consisté surtout dans l'introduction des services administratifs de la Métropole : Gouvernement, Secrétariat Général, Travaux Publics, Justice, Santé, Finances, Douanes, Enregistrement, Agriculture, Enseignement et dans l'intensification de l'importation, de l'exportation qui existaient déjà.

Ne croyons pas surtout que ces peuples n'étaient pas gouvernés, si d'une certaine manière ils n'étaient pas administrés. Les Européens ne trouveront rien de mieux que ces Royautés Africaines, absolues, de droit divin qui rendaient la Justice, présidaient à la chose religieuse, commandaient les armées, faisaient observer non seulement les lois mais les coutumes où les simples traditions, s'entouraient de prestige et même de craintes, restaient accessibles cependant aux humbles.

On remarquera :

1. que dans cette forte organisation, il n'y avait pas d'intermédiaires, excepté quelques ministres, quelques hérauts, quelques serviteurs de confiance et la foule assez composite de ceux que l'on pourrait appeler les princes et les princesses du sang, mais pas d'hommes de métier ou de fonctionnaires de carrière ou de spécialistes, excepté les annalistes, les chanteurs ou les musiciens de la Cour.

2. que cette forte organisation ne l'était qu'à la façon de la ruche, où seule la reine commande et où la masse des abeilles se range dans la classe des ouvrières.

3. que le travail était surtout paysan, ne comptant que quelques artisans à peine spécialisés : le forgeron, le charpentier, paysans eux-mêmes.

Quel renversement des valeurs, d'abord quand se dressera en face de la case royale le palais du Gouverneur, avec son luxe, ses sentinelles, son personnel subalterne, ses chefs de service, etc. ! Quelle multiplicité de rouages ensuite quand les indigènes durent se soumettre aux règlements de la police, de la circulation, de l'hygiène, quand il faudra s'adresser à un fonctionnaire pour l'impôt, à un autre pour le recensement, à un autre encore pour la justice, etc. etc. !

Et ces fonctionnaires sont des Blancs qui ne connaissent pas les idiomes du pays, et dont la population ne connaît pas davantage la langue. Alors des hommes deviennent indispensables : les indigènes qui parlent les deux langues, et surtout, évidemment, le Français.

Apparemment ce n'est pas une grande science, car il ne s'agit que du langage et d'une rédaction courante. Où s'acquiert-elle d'ailleurs ? A l'école et à l'école primaire dont le bagage scientifique ou littéraire ne rend apte en France qu'à commencer des études ou à apprendre un métier. Nous le comprendrons mieux tout à l'heure mais déjà nous pouvons dire que la simple connaissance de la langue parlée et écrite de la Métropole va donner aux Africains qui la possèdent des ressources considérables d'action et d'influence de sorte que le Certificat d'Études, du moins au début de la colonisation peut donner le prestige intellectuel, le rang social du Brevet sinon du Baccalauréat, en France. Je me hâte d'ajouter que le dégrossissement de l'école, que la connaissance du français vont être des points de départ et des moyens pour pénétrer plus avant dans les techniques, les compétences, les adaptations qui vont constituer comme une seconde éducation des Indigènes et leur permettre de servir vraiment la cause des Blancs et celle des Noirs.

Prenons un exemple et choisissons-le de préférence parmi les professions où le langage paraît être l'élément essentiel : celle d'interprète. Rien ne paraît plus subalterne que cet emploi qui met un homme au service du Blanc qui ignore la langue du pays et au service de l'Indigène qui ignore la langue Européenne. Mais son rôle ne va pas consister uniquement à faire passer mécaniquement d'une langue dans une autre, des ordres, des conseils d'un côté, des doléances d'un autre au moment précis où Administrateurs et Administrés se trouvent en présence les uns des autres.

Quand il s'agit de plaintes (de la part des Indigènes) on viendra le trouver chez lui ou dans son bureau pour le consulter sur les chances de la démarche que l'on veut entreprendre, pour bien le saisir de la question en litige, pour lui demander comment présenter la revendication en cause pour qu'elle touche le cœur du Blanc ou pénètre son esprit et retienne son attention. D'autre part, sa collaboration quotidienne avec son chef le rend confident des incertitudes, des ignorances, des embarras, des préoccupations administratives de celui-ci. Il sera donc interrogé sur les cas et coutumes du pays, sur le caractère des populations, sur la valeur des Chefs, sur l'adaptation possible des lois européennes ou des circulaires des Ministres ou des Gouverneurs Généraux aux populations.

On a vu des Interprètes intelligents et consciencieux capter aussi bien la confiance des Blancs que celle des Indigènes et diriger, presque, les cercles. On a vu d'autres interprètes aussi intelligents mais pervers conduire les hommes à leur perte, soit qu'ils égarassent leurs chefs, soit qu'ils exploitassent les foules indigènes. En tout état de cause rien n'est plus difficile que de tenir non seulement une juste balance entre Blancs et Noirs, mais de se tenir soi-même en équilibre pour des interprètes entre leur rôle subalterne auprès des Blancs et l'importance des services qu'ils leur rendent, entre l'autorité qu'ils acquièrent sur les Indigènes et la discrétion avec laquelle ils doivent user de cette autorité, entre les secrets qu'ils découvrent ou qu'ils reçoivent de la part des Indigènes et leur devoir de loyalisme professionnel envers les Blancs.

Après les interprètes, les premiers venus dans les cercles seront les fonctionnaires des P.T.T. Eux aussi ne sortent que de l'école primaire, mais ils ont reçu une forte initiation technique dans les bureaux de poste des villes, lesquels sont dirigés par des Européens dans leurs multiples services. Je ne détaillerai pas les obligations d'un Receveur qui assure les départs et les arrivées des courriers, les communications télégraphiques, les lettres recommandées, les mandats, les colis postaux, etc. etc. Ses clients seront nombreux depuis l'indigène illettré jusqu'aux traitants noirs, aux commerçants Blancs, aux chefs de Services administratifs. J'ai connu de ces Receveurs qui n'étaient que des anciens élèves de l'École Primaire et qui géraient impeccablement un Bureau transitant un million par an. Ici encore, la capacité technique dépasse l'instruction, mais il n'y a pas qu'elle. Ne compterons-nous pour rien la serviabilité, la méthode dans le travail, l'exactitude dans les écritures, la conscience dans la fonction, la dignité dans la vie ?

Prenons un autre fonctionnaire indigène : l'Infirmier. Comme le Postier, l'Infirmier dirige son service, seul, et souvent bien loin de tout Médecin Européen. Comme le Postier, comme l'Interprète, c'est un élève de l'École Primaire, mais qui a reçu une bonne formation spécialisée dans les grands hôpitaux de la Côte dirigés par des Médecins. Dans son poste de brousse, il est Médecin, Chirurgien, Pharmacien à la fois, sur une modeste échelle assurément. On lui demande de visiter les villages, de dépister les principales maladies de la région, de signaler les menaces d'épidémie. Il doit fournir des statistiques, faire des commandes de produits pharmaceutiques etc. Mais le principal c'est que cet infirmier justifie par ses soins éclairés qu'il y a une science médicale européenne supérieure à l'empirisme indigène, et pour son dévouement qu'il est le délégué de la pitié Française auprès de ces populations.

Je citerai encore une fonction administrative qui a les caractéristiques des précédentes : Le Conducteur de travaux agricoles, qui est aussi de formation primaire, qui est seul dans la Brousse, loin de l'ingénieur agronome qui est son chef. Vous allez peut-être croire qu'il ne représente pas autre chose que la mise en valeur de quelques arpents de terre selon des procédés de culture européenne, ou qu'il n'est là que pour préparer la voie à des Sociétés Coloniales dont le but sera d'enrichir leurs actionnaires. Ce serait déjà une assez grosse entreprise, mais son action dépasse de beaucoup des intérêts particuliers.

A l'échelon où ce modeste fonctionnaire se trouve, il incarne les grands problèmes de l'équilibre du budget de la Colonie et même la fortune publique de la Métropole : une politique prévoyante de la production des matières premières est à la base de cet équilibre et de cette fortune quand les importations coloniales dispensent des achats à l'Étranger, quand les exportations de produits du sol de la Colonie compensent les importations dans cette colonie des produits manufacturés.

Il faut ajouter à cela le mieux-être qu'il introduit dans les familles indigènes quand il leur fait vendre cher des produits qu'ils n'ont cultivés que grâce à lui : le coton, le caoutchouc, le café, le cacao, etc. etc.

Surmonter la routine ou l'indolence de ces pays africains, choisir les terrains appropriés, lutter contre les saisons inclémentes, tout cela ne demande-t-il pas des ressources morales de persévérance, de patience, de conviction qui dépassent de beaucoup l'instruction reçue à l'école, et même la formation professionnelle acquise dans les jardins d'essais du chef-lieu ?

J'en finirai avec les emplois isolés de la Brousse en parlant de l'employé de commerce délégué d'une grande firme coloniale. Il y a en lui deux hommes : le vendeur et l'acheteur. Je laisserai de côté le vendeur qui est un simple boutiquier ; encore faut-il que celui-ci sache tenir sa caisse, faire ses commandes et ses inventaires, flatter les goûts de son client, etc.

Le métier d'acheteur des produits du sol demande une toute autre compétence, qu'il s'agisse de discerner leurs qualités on d'en drainer des quantités suffisantes. Il faut surtout les payer le juste prix. Or ce prix dépend des fluctuations des grands marchés mondiaux : Le Havre, Liverpool, Anvers, Hambourg.

Il dépend encore des contrats des grandes maisons de Marseille ou de Bordeaux pour lesquels il travaille. Il faudra donc que chaque jour, ou du moins souvent, il prenne les ordres de son Agent Général. Ces ordres sont secrets, ils sont variables sinon contradictoires, il faut donc démêler leur opportunité, il faut aussi déjouer la concurrence, attirer les clients par des pourboires ou des ristournes.

Sans doute l'esprit de négoce suffit à tout cela. Mais il a fallu l'acquérir au sortir de l'École dans un effort intelligent d'assimilation aux difficultés de telles opérations commerciales, lesquelles s'avéreraient d'ailleurs improductives si elles n'étaient pas accompagnées de fidélité et d'honnêteté, et d'un certain esprit d'entreprise, étranger, semble-t-il, à la mentalité primitive.

Les cinq exemples qui précèdent et sur lesquels je me suis volontairement attardé parce qu'ils sont caractéristiques de la collaboration que les Indigènes apportent aux Blancs me dispenseront de parler longuement du grand nombre des emplois que va susciter dans les villes l'équipement européen de la Colonie : Secrétaires, Employés de Bureau ou de magasin,

Comptables, Caissiers, Dactylographes, Surveillants, Service des Chemins De Fer, des Ports, de la Navigation, des Transports, des Plantations, de l'Industrie, etc. etc.

Je n'ai pas de statistiques globales à fournir, mais l'on peut affirmer que tous ces services fonctionnent et fonctionnent bien avec un Européen pour vingt Indigènes en moyenne, et quelques fois trente ou quarante dans le service de santé.

Le travail d'exécution, pour la marche générale d'une Colonie dépend donc en majeure partie de la collaboration indigène. Si l'on ajoute que dans certaines colonies, le Dahomey v.g., les Catholiques représentent, suivant les services, 75, 80, 85 % de ces employés, on en conclura :

1. Que les Missions ont accompli un magnifique effort de colonisation proprement dite en préparant de si nombreux auxiliaires.

2. Que les Missions ont ainsi engagé leurs responsabilités vis-à-vis de l'avenir des Colonies qui dépendra non seulement des capacités, mais de la mentalité de ces collaborateurs des Blancs.

3. Que les Missions ont la noble tâche de défendre, s'il en est besoin, leurs anciens élèves contre les autres éléments, contre leurs concitoyens européens.

4. Que l'œuvre de l'enseignement est essentielle à l'apostolat Missionnaire. Sans doute a-t-elle été discutée parmi les Missionnaires eux-mêmes parce qu'il est arrivé autrefois que l'activité scolaire confisquait à son profit exclusif le temps et le travail des Missionnaires. Il est arrivé encore que l'on a constaté que le contact professionnel avec les Blancs était loin de servir la cause de la Morale et de la Religion.

Mais il est plus facile de parer à ces dangers ou à ces inconvénients que de suppléer à tout ce qui manquerait aux Missions si elles n'étaient pas suffisamment représentées dans les Élites nouvelles de ce pays, c'est à dire si elles ne donnaient pas à la puissance colonisatrice la certitude de leur désir de collaboration au bien public, et si elles ne prouvaient pas aux populations qu'elles sont plus attachées que quiconque à leur mieux être matériel, à leur ascension intellectuelle, à leur devenir social ou même politique.

Pour abréger le sujet que je traite, et qui est fort long, je voudrais ouvrir ici trois parenthèses.

1. Je n'exclus pas de ces Élites tout le Personnel Religieux : Catéchistes, Maîtres d'École. Il faut proclamer, au contraire, que l'on trouve en eux une super-élite puisqu'ils instruisent et éduquent les élites dont nous venons de parler, et qu'ils leur donnent l'exemple des vertus chrétiennes et de la pratique de la Religion.

2. Je n'exclus pas non plus d'autres super-élites, la jeunesse intellectuelle qui est instruite dans des Écoles Spéciales établies par le Gouvernement à Dakar et d'où sortent ces Instituteurs d'une sûre pédagogie et des Aide-Médecins capables de remplacer les Docteurs, au moins comme le faisaient chez nous autrefois les Officiers de Santé.

3. Je n'exclus pas, enfin, les Élites vraiment dignes de ce nom, au sens européen, et qui nous viennent des Facultés de France, quand des jeunes gens, qui y font présentement leurs études exerceront dans leurs pays d'origine les professions d'Avocats, de Notaires, de Médecins, etc., joignant ainsi, pour le relèvement de leur Pays leurs efforts à ceux du Clergé Indigène.

2Au mot 'aspiration' des Élites qui est compris dans l'objet de ce travail, je voudrais substituer deux autres mots : celui de 'mentalités' et celui de 'Revendications', qui nous feront donner plus de précisions en des matières, d'ailleurs délicates.

Mentalités : On n'est pas sans éprouver quelque gêne à donner le titre d'Élites à des jeunes gens qui tiennent certes une place de choix dans l'évolution de leur pays, qui sont professionnellement très capables, mais qui manquent d'instruction générale et surtout de culture. Les Élites ne doivent pas seulement être capables de servir, mais de commander, de s'adapter à un métier, mais d'avoir une profession, d'exceller dans une branche de l'activité coloniale, mais de pouvoir s'élever à la synthèse de ces activités, de donner des ordres à des subalternes, mais de se commander à soi-même, de dominer les évènements.

Comment des élèves d'Écoles Primaires pourront-ils parvenir à ces résultats ou plutôt, car nous avons vu que les interprètes, les infirmiers, les postiers, les agents de culture, les employés de commerce sont aptes à certaines idées générales, demandons-nous pourquoi ils accèdent, si facilement dirait-on, à ces fonctions supérieures de l'intelligence ou de la morale ?

Je crois que l'École y a une part, au moins celle des Missionnaires qui ne peuvent s'empêcher d'introduire dans leurs classes les méthodes d'enseignement secondaire dont ils ont été si largement bénéficiaires durant leurs propres études.

Une plus grande part revient à la formation que ces jeunes gens ont reçue, aux exemples de dignité, de conscience, de dévouement qui leur étaient donnés par leurs maîtres, les Missionnaires, et des leçons de charité, de piété, de sainteté, que leur enseignaient leurs Prêtres, les Missionnaires encore.

Mais on ne doit pas hésiter à reconnaître qu'ils ont trouvé des points d'appui comme des ressorts dans les ressources de leurs propres mentalités.

Je noterai en premier lieu : leur don d'assimilation, qui est un don providentiel pour des peuples jeunes, qui sont dans la nécessité précisément de multiplier leurs acquisitions intellectuelles ou morales. Le don d'assimilation, chez les Africains dont nous parlons, ne sera pas le simple mimétisme, au sens péjoratif de ce mot, c'est-à-dire exprimant la facilité de reproduire des gestes et des attitudes ou même des manières de penser ou de sentir.

L'assimilation africaine est toute autre. C'est une adaptation, une identification à la chose Française. Cette identification provient de la disposition des Noirs à comprendre ce qui est intelligible, à faire ce qui est utile, à respecter ce qui est digne, à servir ce qui s'impose, à aimer ce qui est aimable. L'assimilation africaine est un état de non défense contre ce qui vient de l'extérieur avec certains attraits d'intérêt ou de charme, de vérité ou de grandeur. Comment, dans ces conditions, les Africains ne s'assimileraient-ils pas facilement les mœurs, les institutions Françaises ?

Je noterai en second lieu le caractère spécial de l'éducation chez les peuples primitifs. Cette éducation est essentiellement traditionnelle et populaire. Traditionnelle, ce qui veut dire que les idées morales se transmettent fidèlement, tendant plutôt à se développer, à s'enrichir, en tout cas, à se maintenir de générations en générations.

Populaire, ce qui veut dire que les masses sont les dépositaires de l'histoire de la race, de ses traditions religieuses, de sa législation, de ses institutions, de ses usages. Dépositaires de ses sciences pratiques, art de bâtir, tissage, artisanat, empirisme médical, pharmaceutique. Dépositaires surtout de ses légendes, de ses proverbes, de ses chants, de sa littérature orale, de ses arts décoratifs.

Les palabres, qui sont classiques en Afrique, jettent sur la place publique, ou sur la petite place du village, non seulement toutes les nouvelles, mais toutes les discutions qui se rapportent aux hommes et aux évènements.

Il en résulte une éducation civique, morale, sociale, humaine, au sens large de ce mot, qui se révèle, d'une façon étonnante, quand l'un quelconque de ces hommes est désigné subitement pour être Chef de collectivité, Chef de village, Chef tout court. Rien ne le signalait à l'attention, semble-t-il, et on peut être surpris de le voir exercer sa fonction avec sagesse et autorité, prudence et sagacité, comme s'il était préparé longuement à l'exercice de sa charge.

Je me suis bien souvent complu à démêler les traces de cette information de l'esprit, de cette maturation du jugement, de cette éducation de la volonté quand je voyais nos anciens élèves, patients et persévérants, perspicaces et même psychologues, habiles et presque diplomates, attentifs aux ordres donnés et sûrs de leur métier, dans l'exercice de ces fonctions dont j'ai parlé plus haut.

Une preuve subsiste de cette genèse de leurs qualités foncières 'd'évolués' comme nous les appelons, c'est que, malgré leur nombre, malgré leur supériorité sociale, malgré les différences extérieures qui les marquent : costume, travail, habitation, nourriture, ils ne tardent pas à former une caste.

L'Élite de ces pays n'est pas bourgeoise parce qu'elle comprend, plus ou moins obscurément, que les masses populaires ne leur sont point étrangères, dans ce qu'il y a de meilleur, ou de plus fondamental, dans leurs manières d'être hommes, d'être employés, d'être responsables, d'être chefs, d'être l'Élite.

A leur tour, ils perçoivent, dans la considération sympathique dont ils sont l'objet de la part de ces masses, que celles-ci ne sont ni jalouses, ni aigries de leur sort favorisé auprès des Blancs, non seulement parce qu'elles recueillent en partie le bénéfice de cette faveur, mais parce qu'elles se reconnaissent dans les qualités qui la légitiment.

Aspirations et revendications : Il nous faut aborder un sujet qui ne laisse pas d'être pénible. Nos Élites Chrétiennes Africaines sont-elles heureuses ? Oui, pourrait-on croire. Leur sort paraît enviable. Ces jeunes gens jouissent vis-à-vis de leur chef de famille ou de leur chef de village d'une liberté individuelle qui n'est pas dans les mœurs du pays. Ils ont un sort matériel supérieur à leurs semblables, grâce aux salaires, aux indemnités, qu'ils reçoivent. La considération que leur valent leurs emplois auprès des Blancs est un bienfait appréciable.

Les Blancs, en général, les traitent avec égard quand ils sont dans l'exercice de leurs fonctions.

Une carrière sûre et progressive s'ouvre devant eux, leur assurant le pain quotidien.

Ils entrevoient non seulement la facilité d'élever convenablement leurs enfants, mais de les faire instruire plus qu'eux-mêmes et de leur faire occuper des places supérieures aux leurs.

Ils se rendent compte que leur petite Patrie fait glorieusement partie d'un grand Empire : l'Empire Français, et que des progrès matériels, sans cesse accrus, sont en train d'améliorer de fond en comble leur pays.

Pendant ce temps leur situation civile personnelle reste poignante. Seuls parmi les autres éléments de la population, ils n'ont pas un statut personnel correspondant à leurs croyances, à leur évolution, aux services qu'ils rendent à la Métropole. Les lois ou les coutumes qui les régissent sont des lois ou des coutumes païennes, strictement africaines, dont la plupart sont en contradiction avec leur nouvel état familial et social. Leurs tribunaux seront les mêmes que ceux de la population indigène, et ces tribunaux auront pour Président et Assesseurs des Chefs illettrés et idolâtres, complètement ignorants, en général, du statut français.

Notons cependant que ces braves gens comprennent parfois la fausseté de cette situation et on les a vus refuser de consacrer des divorces entre chrétien et chrétienne parce qu'ils avaient appris que l'Église désavouait cette négation du mariage.

Mais on a vu aussi d'autres juges séparer une veuve chrétienne de ses enfants chrétiens pour les confier à leur oncle paternel païen, parce que c'est une loi dans ce pays que les orphelins appartiennent de droit à la famille du Père.

Est-il besoin de souligner que la procédure des tribunaux est sommaire, sans instruction et sans défense, que les sanctions en sont dures, et combien humiliantes pour ces Écoliers, que nous avons appelés Élites tout le long de ce travail et qui ne jouissent même pas du privilège des païens et des musulmans, en fait de justice, qui sont régis par leur droit propre. Il en est de même de ce qu'on appelle le Code de l'Indigénat, qui est une justice encore plus sommaire, quoiqu'Européenne, mais l'Européen y est juge et partie souvent, ce qui ne l'empêche pas de rendre des jugements sans appel et sans témoin à décharge, avec une application immédiate de la peine ou de l'amende

Parmi d'autres vexations, on s'acharne à refuser le droit de l'État Civil à nos Écoliers alors que les Missions ont si bien fait leur éducation à ce sujet quand elles les ont inscrits dans leurs registres de Baptême, de Confirmation, de Mariage, dans les registres matricules de leurs écoles.

Pourquoi ce refus demandera-t-on ? En vertu d'un principe authentique de colonisation et au nom d'une excellente intention. Parce que le Colonisateur entend respecter les coutumes du pays, il s'oppose à ce qu'il n'y ait aucune introduction des lois, des coutumes françaises dans ces pays pour n'importe quelle catégorie d'indigènes. La politique coloniale qui accepterait cette introduction est appelée : Politique d'assimilation, et est comme la plus néfaste des erreurs. L'État civil, la justice, la jurisprudence française, sont considérés comme des manifestations de cette assimilation et donc condamnables.

Ce que les Indigènes de l'Elite ne comprennent pas c'est que l'assimilation peut devenir une sorte de crime. On ne leur avait pas dit cela quand ils apprenaient le Français à l'école, quand ils se spécialisaient dans des professions françaises, quand ils propageaient les institutions françaises ou les méthodes françaises de travail, de culture, d'hygiène, etc., quand ils adoptaient des modes d'habillement, d'habitation, de nourriture, français, quand ils vendaient ou qu'ils achetaient français, quand enfin ils se faisaient chrétiens.

Tout cela, et bien d'autres choses encore, n'est-ce pas de l'assimilation ? Ne jugeons point. Souhaitons que les Pouvoirs Publics comprennent l'anomalie d'une telle situation (ils n'en sont pas éloignés). Et espérons qu'un jour prochain les Élites Chrétiennes Coloniales recevront cette suprême consécration de leur loyalisme et de leur dévouement, de leur assimilation, pour tout dire en un mot : être trouvés dignes de la législation française qui est, elle-même d'une inspiration si chrétienne.

**3** Devoir des Élites : Nous avons remarqué au cours de la Conférence combien les Élites sont à la fois éloignées et rapprochées des masses, d'où elles sortent ou qu'elles dominent. Nous trouvons là une première indication pour les devoirs qu'elles ont à remplir envers ces masses.

Que les Élites se méfient de leur mentalité de 'convertis' qui leur fait juger les traditions, les coutumes de leur pays exclusivement sous l'angle de la fausse religion, ce qui les porterait à se priver de tout l'acquêt des générations qui les ont précédées, dans le domaine de la morale et peut-être même dans celui du sentiment religieux.

Qu'elles restent donc attachées à ces traditions, pratiquant une sorte de régionalisme qui les empêchera d'être traitées en déracinées et de l'être en effet.

Les Élites doivent toujours et partout le bon exemple, mais combien plus dans le pays où par leur origine elles vont faire porter par les Blancs un jugement de valeur sur les populations d'où elles sortent, et dans ces pays encore où elles vont montrer aux populations récemment conquises et pacifiées ce que vaut la civilisation qu'on leur apporte et qu'ils incarnent.

Les Élites doivent se mettre en garde contre les dangers moraux que leur fait courir le nouvel état de choses au point de vue professionnel.

Chez eux, on travaillait en famille sans rémunération, mais par obéissance, une obéissance presque religieuse au Chef, représentant visible des ancêtres. Le travail des Blancs est laïque, mercenaire, les tentations de profit et d'argent sont multiples, faciles. Oui, que les Élites veillent à ne pas succomber au pêché d'infidélité envers la personne de leurs nouveaux maîtres, envers leur profession elle-même.

Les Élites ont à éviter un dernier danger que j'appellerai le complexe de supériorité qui les porterait au nom d'une prééminence certaine sur les masses analphabètes qui les entourent à abuser de leur crédulité, à se servir sans discrétion du pouvoir des Blancs, à tourner contre elles les bienfaits de la civilisation.

Je citerai trois exemples de ce que le sentiment chrétien inspire aux Élites qui veulent sincèrement maintenir le contact entre les masses paysannes et elles.

1. On verra nos Évolués se proposer aux Missionnaires pour être les Parrains des fils des paysans païens qui fréquentent le Catéchuménat, établissant ainsi avec ces familles un lien de parenté spirituelle qui servira de prétexte à des relations cordiales, à un nivellement de plans entre leurs situations respectives.

2. On verra des représentants des Élites fonder des Sociétés de Saint Vincent de Paul dans des villes importantes de la Côte, et ils donneront le spectacle imprévu de leurs visites à domicile auprès des vieillards abandonnés ; la bonne grâce toute chrétienne, avec laquelle ils s'acquittèrent de ce devoir de charité sera encore plus appréciée que le secours matériel qu'ils apportent pour des pauvres, qui malgré leur dénuement, ne cessent pas d'être honteux.

3. On a vu dans une ville très évoluée, où il y avait une Église paroissiale fréquentée exclusivement par des assimilés européens, on a vu des représentants de l'Élite comprenant que des paysans restés fidèles à leur costume traditionnel n'oseraient pas se mêler à la foule endimanchée à l'européenne, revêtir le pagne ancestral le dimanche, afin de faciliter l'accès de la Maison de Dieu à ces paysans qui n'avaient pas d'autre costume.

Il n'entre pas dans mon sujet de vous parler des Élites Féminines. Mais puis-je terminer cette Conférence sans rendre hommage aux Religieuses qui préparent à ces jeunes hommes dont je viens de vous parler si longuement, des épouses dignes de leur tenue morale, de leur rôle auprès des populations, de leur vie chrétienne ? Des épouses qui soient le soutien, le guide de leur mari dans des fonctions dont les responsabilités sont inépuisables.

A vrai dire, il n'y aura pas de vraies Élites dans ces pays, tant que les femmes n'auront pas un rang social égal aux hommes, par leur instruction, par leur christianisme et par les vertus qui sont l'ornement de leur sexe, la beauté de leur vie et la garantie du bonheur de leur foyer. Ce rang, cette dignité, cette liberté chrétienne, nos jeunes filles les acquièrent auprès des chères Religieuses qui se sont données la noble mission d'élever, de surélever la femme Noire, dans des conditions qui ne sont pas identiques à l'élévation des hommes, mais pour des fins qui sont les mêmes : servir la cause de la civilisation chrétienne, et préparer à ces pays un avenir de bien-être matériel, de progrès intellectuels, de perfection humaine qui les égalera, en peu de temps, aux Nations les plus et les mieux civilisées.

Ne faut-il pas signaler d'ailleurs qu'il y a dans nos Missions de beaux débuts de constitution d'élites féminines au sens où nous l'avons entendu pour les jeunes gens, c'est-à-dire que ces jeunes filles se mettent aussi au service des besoins des populations indigènes, se faisant ainsi les auxiliaires de la Civilisation Française. Je veux parler des Sages-femmes ! C'est un corps admirable ; choisies par des concours, des jeunes filles, de toutes les Colonies de l'A.O.F., s'en vont à Dakar, c'est à dire très loin de chez elles faire cinq années d'études théoriques et pratiques pour les préparer à l'exercice de leur profession. Leur mission est doublement grande : dans des pays où la mortalité infantile cause de véritables désastres, elles peuplent des foyers d'enfants en préservant les nouveau-nés des multiples dangers qui les menacent. Dans des pays où les femmes sont plus mères qu'épouses, ce qui est un grave obstacle au mariage chrétien, elles apprennent aux jeunes mères à élever des enfants dont les naissances sont rapprochées.

Formées il y a presque un quart de siècle, les sages-femmes de l'A.O.F. sont au nombre de 320, répandues dans toutes les colonies du groupe, tenant des dispensaires ou des maternités. Sur ces 320, 270 sont Catholiques. N'y reconnaîtrez-vous pas une garantie pour l'œuvre qu'elles ont entreprise ? N'y reconnaîtrez-vous pas une belle justification du travail d'éducation des Religieuses ?

Pour les professions, pour les Élites Féminines, ces sages-femmes ne sont encore dans ces immenses pays qu'une aube à la lumière timide, mais le jour qui point derrière ce signe avant-coureur deviendra le jour rayonnant d'une action Française Chrétienne et Africaine, qui sera vraiment le flambeau d'une civilisation.

# ACCESSION DES INDIGENES
# A LA CITOYENNETE

*Cette intervention fut faite à l'Académie des Sciences Coloniales à Paris en mai 1942 ; la séance était présidée par M. du Vivier de Streel [23], avec pour sujet : l'accession des indigènes à la citoyenneté. Le texte est tiré du compte-rendu de cette séance (pp. 285 à 289). Il est intéressant de noter que l'on ne se limite pas à des conférences ou des discussions, mais que l'on y dépose des ouvrages mis à la disposition des membres de cette Académie.*

Messieurs et chers Confrères,

Je vous exprime mon sincère regret d'intervenir si tard, je serai d'ailleurs très bref, dans la discussion qui vient d'avoir lieu parmi vous au sujet de l'accession des indigènes à la citoyenneté. Mais les circonstances actuelles rendent particulièrement difficile l'exercice de la fonction de supérieur d'un Institut missionnaire. Nos maisons de formation pour nos aspirants missionnaires se trouvent en trois zones différentes ; elles connaissent toutes sortes de difficultés : recrutement, ravitaillement, financement ; deux d'entre elles ont été expropriées momentanément. Trois autres, à effectifs de 100 à 150 élèves, sont dans des villes.

Enfin, il n'est plus aussi facile qu'autrefois de faire la relève de nos missionnaires fatigués par des séjours qui, du fait de la guerre, atteignent jusqu'à sept, huit et neuf ans, ce qui est beaucoup pour le climat équatorial. Nous sommes parvenus

---

[23] *Edmond du Vivier du Streel* (1869-1946), de l'Académie des Sciences d'Outre-Mer.

cependant à faire embarquer à Marseille pour la Côte d'Ivoire, le Togo, le Dahomey plus de vingt-cinq missionnaires depuis le mois de novembre.

Mon absence des séances de l'Académie depuis ce même mois de novembre ne signifie donc pas que je me suis tenu éloigné des problèmes de la colonisation. Au contraire, j'ai été uniquement absorbé par de graves préoccupations coloniales et missionnaires qui se rapportaient sans doute à l'évangélisation, mais aussi aux sports, à l'enseignement, aux œuvres postscolaires, au scoutisme, etc. questions que j'ai traitées avec nos évêques missionnaires, les gouverneurs, MM. Les directeurs compétents du Ministère, avec M. le Ministre lui-même.

Ces études ou ces démarches ne m'ont pas empêché de suivre les savants exposés sur la citoyenneté qui ont paru dans les publications de l'Académie des Sciences coloniales.

J'ose y ajouter ces quelques mots, parce que je crois avoir constaté que l'on n'a pas assez parlé des Noirs de l'A.O.F., exception faite des naturalisés des quatre communes[24].

Cependant, la voie était tracée par de judicieuses remarques et par de nobles paroles qui ont été prononcées les premières par le Général Azan[25], les secondes par M. le Gouverneur général Brévié[26].
M. le Général Azan a dit :

*« Par une apparente contradiction, c'est chez les peuplades arriérées de l'Afrique noire que l'assimilation progressive serait la plus facile. »*
M. le Gouverneur général Brévié a affirmé avec force qu'il y a plus de sens moral qu'on ne le pense dans ces milieux qualifiés de primitifs :

*« La dignité n'en est pas absente et l'on y pratique certaines qualités de choix qui placent au premier rang des devoirs de l'homme :*
    *« Le respect des parents et des ancêtres ;*
    *« L'amour des enfants et de la famille ;*

---

[24] Au Sénégal. Les communes de Dakar, Rufisque, Gorée et Saint Louis.

[25] *Paul Azan* (1874-1951), militaire et historien. De l'Académie des Sciences Coloniales en 1930.

[26] Gouverneur Général de l'AOF, *Jules Brévié* (1880-1964) crée en 1936 à Dakar l'IFAN (Institut Fondamental d'Afrique Noire).

> *« La fidélité au clan et à ses traditions ;*
> *« La résistance à la souffrance ;*
> *« La fierté de soi ;*
> *« La bravoure au combat ;*
> *« Et l'honneur.*

J'ajouterai :

> *« Une vie religieuse intense qui donne le sens de la faute et de sa réparation, celui de la prière et du sacrifice, celui de la justice et de la paix intérieure, celui des justes rapports avec la divinité. »*

Vous comprendrez dès lors, Messieurs et chers Confrères, que ce que nous appelons la « *conversion* » n'est ni surprenante ni artificielle : elle est une sorte de confluent où se rencontrent les eaux de la grâce et le puissant courant de ces qualités humaines énoncées plus haut et qui sont chrétiennes avant la lettre.

Vous admettrez aussi qu'il n'est pas besoin de générations et de générations pour que le christianisme ait là-bas des sujets dignes de lui, et les chrétiens de France de véritables frères dans la foi.

La qualité du reste ne fait pas tort au nombre.

Pour les seules missions que régissent les Pères des Missions africaines de Lyon, il y a en Côte d'Ivoire, au Togo, au Dahomey plus de cent cinquante mille chrétiens de cette sorte et je ne compte pas les adhérents, les sympathisants, ce qui doublerait presque ce chiffre.

Et si j'ajoute que le tiers de ces chrétiens a passé par l'école, exerce une profession européenne, a fondé un foyer monogame, ne pensez-vous pas que cette similitude avec nos mœurs est au moins égale en qualité à celle que leur donnerait la citoyenneté de la loi, celle-ci n'étant pas incompatible avec celle-là, au contraire ?

Je ne sais pas si l'on parlera d'eux dans les travaux de la commission que vous allez nommer, mais j'ai cru que leur exemple pourrait éclairer les discussions et attirer enfin sur eux une juste attention.

<u>M. le Président</u> : Je vous remercie de ces observations tout à fait judicieuses et qui correspondent au sentiment de l'Académie. Je suis heureux de profiter de la circonstance et des renseignements que vous venez de nous donner pour vous féliciter du brillant résultat de votre effort. Cela prouve que quand on défend une bonne cause et quand on le fait avec persévérance,

on arrive à des résultats, quelles que soient les difficultés rencontrées.

## Dépôt d'ouvrages

<u>R. P. Aupiais</u> : Je dépose sur le bureau de l'Académie le livre d'un de mes confrères, le P. Mouëzy[27] : *Assinie et le Royaume de Krinjabo*. Le P. Mouëzy est depuis quinze ans à la Côte d'Ivoire. Il a utilisé ses loisirs pour se documenter auprès des populations elles-mêmes et auprès des Blancs qui avaient passé parmi ces populations. Il a profité de ses séjours en Europe, en France, pour consulter les archives de la Bibliothèque Nationale, et moyennant ces deux documentations, il a produit un livre qui mérite l'attention.

J'ai ensuite à vous déposer un livre de la Propagation de la Foi que l'on présente comme un livre de vulgarisation. Au fond, c'est un recueil de conférences. Il y a là cinq conférences sur la femme noire. Les conférenciers sont : la Mère Marie-André du Sacré-Cœur[28], que vous avez entendue ici, M. Jean-Joseph Wilbois, M. Randau, le R. P. Mazé, des Pères Blancs, et M. Danel. Les titres sont très intéressants. Il s'agit de législation, de mœurs, de coutumes, d'adaptation.

Enfin, je vous signale une simple brochure qui aurait été sans objet il y a quelques années : *Le Clergé indigène de l'Empire français – Afrique Occidentale Française* -Dans une prochaine brochure, il sera parlé de l'Indochine. Celle-ci donne un aperçu de la fondation des séminaires, de l'état actuel des séminaires. Pour l'A.O.F., nous avons actuellement treize prêtres, quarante-quatre grands séminaristes et deux cent cinquante séminaristes. Ce qui est intéressant, c'est que, contrairement aux expériences du temps passé, actuellement nous croyons avoir trouvé la bonne formule et que nos séminaires iront toujours en augmentant.

---

[27] *Jules Mouëzy* (1899-1963), prêtre des Missions Africaines, a séjourné en Côte d'Ivoire de 1924 à 1959. Son ouvrage vient de paraitre en 1942.

[28] *Mère Marie-André du Sacré-Cœur* (1899-1988), religieuse des Sœurs Notre-Dame d'Afrique ; auteur de nombreux ouvrages, dont *La femme noire en Afrique Occidentale*, éd. Payot. 1939, membre de l'Académie des Sciences d'Outre-Mer.

M. Le Président : Qu'est-ce vous exigez des séminaristes indigènes comme instruction ?

R. P. Aupiais : L'enseignement secondaire intégral, la philosophie scolastique. Les directeurs des séminaires envoient les copies en France à des séminaires correspondants pour comparer les épreuves ; nous mettons dans nos grands séminaires des hommes assez adaptés, licenciés ou docteurs en théologie, qui savent faire comprendre aux indigènes que nous ne créons pas pour eux un clergé de deuxième zone. C'est un clergé comme le nôtre, nous avons même eu la mélancolie d'envier les séminaires indigènes parce qu'ils étaient mieux installés que les nôtres ; les missionnaires arrivés de la brousse trouvaient souvent que c'étaient de bien belles maisons comparées à leurs pauvres masures.

M. le Président : Je vous remercie de tous ces renseignements.

# COMMENT NOUS COMPORTER ENVERS LES POPULATIONS NOIRES DE NOTRE DOMAINE AFRICAIN ?

*Cette conférence a été donnée au <u>Comité National d'Etudes Sociales et Politiques</u> dans sa séance du lundi 18 Mars 1929. Elle se trouve aux pages 45-54 du compte-rendu de cette séance. Le père Aupiais y parle surtout de la façon dont nous nous sommes comportés, surtout en dénonçant les abus. Cote aux Archives des Missions Africaines à Rome : 3H25*

<u>M. le Président</u> : La parole est à M. le Révérend Père Aupiais.

<u>M. le R. P. Aupiais</u> : Mesdames, Messieurs, je suis venu ici ce soir pensant répondre à cette question : comment nous comporter vis-à-vis des populations noires de notre Domaine Africain ? Et, au lieu que je parle à mon tour, pour faire connaître les conclusions d'une longue vie missionnaire touchant les procédés de colonisation, l'on me demande de tirer la moralité d'un débat qui s'est institué inopinément autour de l'administration coloniale mise âprement en accusation par les uns, défendue avec énergie par les autres.

Je me récuse complètement, n'ayant pas autorité pour trancher un tel différend. Cependant, comme l'on a parlé tout à l'heure de la Conférence Internationale du Travail et, comme j'ai apporté ici le volumineux rapport que le Bureau International du Travail a fait imprimer à l'usage de cette Conférence, je me permettrai de jeter dans le débat les renseignements fournis par cette documentation sur le Travail Forcé aux colonies.

De vastes enquêtes, qui ont porté sur toutes les administrations coloniales, ont préparé les éléments de cette documentation.

Un long travail de classement, de comparaison, de discrimination a précédé une claire et savante rédaction.

Des coloniaux éminents, comme M. le Gouverneur général Merlin[29], pour la France, ont contrôlé cette mise en œuvre de matériaux puisés à des sources qu'ils connaissaient mieux que personne. Ce serait assez pour recommander ce rapport mais il faut ajouter qu'il a été rédigé à Genève, c'est-à-dire loin des déformations locales, loin des intérêts particuliers, à Genève, c'est-à-dire encore dans une haute atmosphère de dignité supranationale et dans un profond sentiment de justice universelle.

Voici ce que l'on peut conclure du questionnaire qui termine ce rapport.

Un travail existe dans les colonies, qui est imposé sous la menace de peines (art. 2).

L'emploi de ce travail n'est ni assez réglementé, ni assez limité (art. 1er).

L'on peut si peu se fier aux administrations locales pour compter sur un emploi judicieux des travailleurs qu'il faudrait recourir à l'autorisation des Gouverneurs généraux, ou même des Ministres des Colonies pour l'appliquer (art. 4).

Il arrive :

a)  Qu'on a recours au travail forcé pour des travaux qui ne sont pas urgents ou qui ne regardent pas les indigènes auxquels on les impose ;

b)  Que l'on ne s'occupe pas de trouver des travailleurs volontaires avant de recourir à la main-d'œuvre obligatoire ;

c)  Que l'on prélève plus d'hommes valides que les tribus n'en comportent et qu'on leur fait faire des travaux pour lesquels ils n'ont pas d'aptitude (art. 6).

On impose le travail forcé à des femmes, à des enfants, à des vieillards (art. 13).

---

[29] *Martial Merlin* (1860-1935), gouverneur général des Colonies.

On transfère des indigènes dans des régions où les conditions de nourriture et de climat sont tellement différentes de celles auxquelles ils sont habitués, que de nombreux cas de maladies se produisent, sinon de mortalité (art. 16).

Sans tenir compte de l'état des routes, de la saison des pluies, du poids des charges, l'on impose à ces porteurs des heures de marche qui dépassent de beaucoup le temps normal du travail quotidien (art. 19)

Il arrive :

a)  Que les travailleurs réquisitionnés sont moins payés que les travailleurs libres ;

b)  Qu'ils ne sont pas payés du tout ;

c)  Que les journées parfois nombreuses, nécessaires pour se rendre au lieu de travail, ne sont pas rétribuées ;

d)  Que l'on fait d'injustes retenues aux indigènes pour leur faire continuer leur travail, sous prétexte d'impôts, de subsistance, de fourniture de matériel (art. 20).

Quand un accident ou une maladie, dû aux conditions de leur emploi, rend les travailleurs totalement ou en partie incapables de subvenir eux-mêmes à leurs besoins, l'employeur n'est pas considéré comme responsable de leur existence (art. 21).

Il arrive même qu'on emploie des moyens indirects pour aggraver artificiellement la pression économique qui doit pousser les populations vers le travail salarié.

Surcharges fiscales, restrictions injustifiées apportées à la possession, à l'occupation, à l'usage de la terre, extension abusive de la notion de vagabond pour avoir plus de prétextes à procéder à certains enrôlements ou même à certaines arrestations (paragraphe 3).

C'est véritablement un signe des temps que de pareils abus puissent être dénoncés à la face des nations. Au cours de la conférence qui a précédé celle-ci, M. Varenne a dit : « *Nous n'avons pas besoin de Genève pour connaître et pratiquer nos devoirs envers les populations indigènes.* » C'est une noble parole.

Faut-il avoir honte cependant de recevoir du prochain quelques bonnes leçons ?

Pas plus que les hommes, les nations ne sont pas parfaites, ou plutôt, ne sont pas complètement parfaites, et c'est s'enrichir que d'emprunter à autrui ce qui nous manque. Un faux amour-propre va-t-il nous empêcher de profiter de l'expérience des autres ou de leurs qualités ?

Une confiance présomptueuse va-t-elle de son côté nous faire croire que nous nous suffisons à nous-mêmes pour introduire dans nos colonies des améliorations sociales qui perdront de leur force ou de leur autorité si l'on peut, à côté de chez nous, faire impunément ce qui est défendu chez nous.

M. le Gouverneur général Angoulvant[30] faisait remarquer tout à l'heure que l'alcoolisme avait diminué sensiblement depuis quelques années en Afrique Occidentale. Les conventions internationales sont-elles tout à fait étrangères à cette diminution ?

De quelle manière a été combattue la traite des Noirs ? Par une entente entre les peuples civilisés.

Si Genève n'est que le lieu géographique où se concertent les bonnes volontés internationales, il n'est pas déshonorant de recevoir des indications de Genève.

Quand sont dénoncées des erreurs coloniales, de la nature de celles qui sont énumérées plus haut, l'on ne peut s'empêcher de se demander comment des Européens en arrivent à commettre de telles fautes contre la civilisation, eux qui se présentent aux populations indigènes comme les représentants d'un état humain incomparablement supérieur à celui des indigènes.

Pour ma part il y a longtemps que je l'ai compris.

Ce n'est pas la nécessité dans laquelle se trouvent les Nations européennes de se procurer des matières premières indispensables qui explique ces aberrations. Ce n'est pas même la lente compréhension de l'intérêt des Européens ou la résistance à leur initiative, particulière aux Africains, qui motivent ces mauvais traitements. Leur origine vient uniquement du mépris dans lequel on tient les populations indigènes, en général, les populations noires en particulier.

Et, à ce point de vue, « les métropolitains » n'ont rien à envier aux coloniaux, de sorte que l'on peut dire que l'amélioration des procédés vis-à-vis des indigènes ne se fera aux

---

[30] *Gabriel Louis Angoulvant* (1872-1932).

Colonies que dans la mesure où l'opinion coloniale se sera transformée en France.

Les Noirs, pense-t-on, sont des êtres inintelligents et dégradés qui vivent sans institutions sociales et sans moralité individuelle.

L'on surprendrait beaucoup d'Européens en leur disant qu'il y a beaucoup plus à conserver qu'à détruire dans ces pays, qu'il n'y a rien même à innover dans bien des cas et que parfois les Blancs ne sont pas sûrs de remplacer par des équivalences les valeurs morales de ces populations.

Est-on sûr, par exemple, de ne pas se tromper quand on parle de la paresse invincible des Noirs pour les cultures industrielles importées dans leur pays ?

Il est bien certain que beaucoup d'indigènes ne se prêtent pas à ces nouvelles cultures. Mais peut-on oublier que ces paysans, parce que paysans il y a, sont attachés non seulement à un choix de plantes mais à des formes de culture, comme les terriens de tous les pays !

Peut-on oublier encore que les travaux des champs ne dépendent pas du libre arbitre des cultivateurs, mais qu'ils sont prescrits ou défendus par les Oracles ou les divinités à qui seuls on obéit, de préférence aux Blancs les plus intelligents !

Peut-on oublier enfin que le régime foncier, d'une part, la constitution de la famille, d'autre part, s'opposent directement ou indirectement à une exploitation subite et intensive des campagnes !

Avant l'arrivée des Blancs, les produits les plus estimés comme le caoutchouc, le cacao, les bois précieux n'avaient pas de valeur commerciale.

Sans valeur était aussi la terre qui les produisait, sans richesse enviable était enfin le maître qui présidait aux destinées de la famille.

La possession de la terre ressemblait beaucoup au droit que se donnent sur des eaux continentales les riverains des mers.

Que va-t-il se passer quand les jeunes gens et les hommes jeunes de la tribu vont avoir la double révélation de la richesse de leur pays et de l'enrichissement du chef de la tribu : ils désireront avoir au produit des récoltes une part qui ne leur sera pas accordée au nom des coutumes du pays.

De là, leur refus à cultiver une terre de laquelle ils attendent désormais autre chose que la nourriture de chaque jour.

Le travail forcé leur sera imposé. Était-ce l'unique solution ?

Aurait-il été imprudent d'essayer de partager le temps du travail en deux parties : l'une qui serait employée à cultiver le vaste domaine de la collectivité, et l'autre à cultiver dans ce domaine des lopins de terre dont les revenus ne seraient point allés à la communauté mais aux jeunes hommes qui les auraient mis en valeur et qui en seraient devenus peu à peu les véritables propriétaires.

L'on répète aussi que les Noirs sont inaptes à la formation « professionnelle ». Mais s'est-on soucié d'adapter l'organisation du travail manuel européen aux conditions sociales des populations indigènes ?

Car un artisanat existe parmi les Noirs, limité, il est vrai, à quelques professions comme celles de vanniers, de forgerons, de tisserands, de tanneurs, de puisatiers, de creuseurs de pirogues, etc. Quelles sont les lois : 1 de recrutement ; 2 de fonctionnement de ces professions, du moins en pays fétichiste ?

1. *Recrutement* – Le libre choix d'un métier, provenant du désir des parents ou du goût des enfants, n'intervient point ici. Un enfant sera vannier s'il appartient à une famille, à un village de vanniers ; il ne pourra pas aspirer à un autre métier, hormis les cas exceptionnels indiqués par les oracles, c'est-à-dire les divinités. Un enfant d'un autre village, d'une autre famille ne pourrait acquérir le droit d'être admis dans la corporation des vanniers ; il lui manque pour cela, non seulement les liens du sang, mais encore une certaine consécration religieuse.

Dans beaucoup de régions fétichistes ces privilèges sont d'une telle sorte que chercher à violer ces coutumes, c'est s'exposer aux voies de fait et même à la mort si les divinités protectrices de la tribu interviennent… ce qui est fréquent.

2. *Fonctionnement* – Au profit de qui travaille le nouvel apprenti même quand il est devenu fort habile dans son métier ? Uniquement au profit de son « patron » qui est ici son chef de

famille, c'est-à-dire un personnage exerçant au nom de ses ancêtres une autorité absolue sur toutes les personnes de son sang.

L'artisanat africain se présente donc sous un aspect religieux et sous un aspect collectif, auxquels vont nuire le laïcisme et l'individualisme de notre artisanat, en empêchant et en tarissant les sources de sa moralité.

Ce qui précède démontre que les procédés de colonisation doivent être faits surtout de compréhension et d'adaptation. Je voudrais ajouter qu'il conviendrait aussi d'avoir la plus grande considération pour la « moralité » des indigènes, à laquelle ma qualité de missionnaire m'autorise, peut-être, à rendre hommage. Il m'est impossible de m'étendre longuement sur la partie interne de la moralité des Noirs, les croyances, les sanctions spirituelles ou post-mortelles, le repentir, l'amendement, le sentiment du défendu. Mais je désire dire quelques mots sur les sauvegardes « externes » de la moralité : la santé physique, la vie paysanne, l'existence villageoise, la parenté prolongée, le dénuement, l'état de défense des groupements humains.

1. *La santé physique* – Quand on arrive pour la première fois en pays noir, l'on est surpris des belles qualités physiques des populations, qui vivent pourtant dans des habitations précaires et qui devraient avoir subi les fatales conséquences de certains fléaux sociaux.

On ne reste pas longtemps avant d'apprendre que des cérémonies rituelles éliminent tous les infirmes qui sont des victimes agréables ou nécessaires à certaines divinités et que, par une suralimentation plus généreuse qu'intelligente, les mamans provoquent chez les enfants des convulsions qui entraînent la mort des plus faibles.

Cette double sélection préserve les sociétés noires de tous les déséquilibrés que l'alcoolisme, par exemple, mettrait en circulation sans elle.

Les Noirs, qui font beaucoup d'éducation physique à leur manière, qui se contentent d'une nourriture frugale et souvent végétarienne, établissent donc dans leur organisme une élasticité, une souplesse, un équilibre qui enlève à leur corps ce poids dont il est dit qu'il affaisse l'âme.

2. *La vie paysanne* – Sans doute, des objets fabriqués avec talent ne sortent pas des mains du paysan comme de celles du vannier, du bijoutier, etc.

Cependant, ses récoltes ne sont pas dues au hasard comme la réussite d'un beau coup de filet de pêcheur.

Le paysan Noir, à cause de cela, sent obscurément qu'il apporte à la richesse et au mystère des moissons une collaboration qui l'émerveille, sans l'en rendre fier, et donne à sa vie un cachet de spiritualité qui vient compléter la divinisation qui existe dans son pays pour un grand nombre de lieux et de plantes sacrés.

D'autre part, son isolement dans les cultures éloignées le préserve des contestations des hommes et fait descendre en lui cette paix des champs qui devient en son âme un apaisement moral.

3. *L'existence villageoise* – Existence transparente, s'il en fût, dans ces cabanes rudimentaires, qui ne permettent pas les isolements coupables, dans ces groupes peu compacts de maisons qui ne permettent pas les alibis frauduleux de sorte que, ayant des témoins permanents de sa conduite extérieure, l'indigène ressent jusque dans sa conscience le contrôle salutaire du regard de son chef, de son père, de son voisin, de son enfant lui-même.

4. *Le dénuement* – Les Noirs n'ont presque rien à vendre et rien à acheter dans ces riches contrées où l'on se nourrit de peu de choses, où l'on se vêt de moins encore.

N'être jaloux de personne, être désintéressé de tout, quel admirable terrain pour l'éclosion des meilleurs états moraux !

Heureux savetiers !

Si nous voulons mieux nous rendre compte de la salubrité morale d'une pauvreté, qui, étant le lot de tous là-bas, n'est pas même envieuse, rappelons-nous tout ce qui se vend, tout ce qui s'achète dans les pays européens, l'opinion comme les consciences, tout ce que l'on est capable de faire pour s'enrichir, toutes les divisions qui proviennent de l'argent dans les familles les plus unies.

5. *La parenté prolongée* – Si la famille n'est pas pour le Noir le monde tout entier, elle est du moins la société qu'il fréquente presque exclusivement.

Ce milieu familial n'est pas aussi restreint, d'ailleurs, qu'on pourrait le croire parce qu'il comprend des dizaines, voire des centaines de personnes, c'est-à-dire tous les oncles et toutes les tantes, les cousins et les cousines à des degrés très éloignés. Mais en parlant de cousins et de cousines, j'introduis un mot qui fausse la notion que l'on a de la parenté chez les Noirs pour qui les parents âgés sont des pères ou des mères et les parents jeunes sont des frères.

On comprendra facilement que ce milieu, constitué par de très proches parents, est éminemment favorable à la bonne tenue envers les personnes et au respect de ce qui leur appartient.

6. *L'état de défense des groupements humains* – Les collectivités indigènes, complètes en elles-mêmes, et parfaitement homogènes, sont très distinctes entre elles par l'origine, par la langue ou par la religion.

De là, une sorte d'isolement géographique ou social qui va inspirer à ces groupements un sentiment très vif de leur conservation.

Les groupements humains, exposés aux dangers extérieurs, éprouvent généralement un besoin particulier de cohésion. C'est ainsi que l'on voit la discipline militaire se resserrer en temps de guerre, les règlements maritimes devenir très sévères à bord d'un bateau en pleine navigation, etc., etc.

La collectivité indigène va connaître, au milieu des dangers qui l'entourent, ce besoin de cohésion qui va se traduire par une particulière sévérité pour toutes les fautes morales susceptibles de lui nuire.

Cette sévérité, qui appellera des sanctions impitoyables contre les voleurs, les menteurs, les sacrilèges, les libertins, va être une sauvegarde de la moralité, la plus importante peut-être, celle qui se rapproche le plus des sources de la morale.

Après ce court aperçu sur les caractéristiques des institutions et des mentalités indigènes, faut-il encore poser la question : comment se comporter envers celles-ci et envers celles-là ? Les comprendre toujours et les adopter bien souvent.

Nous ne serions pas satisfaits de penser que nous n'avons rien à faire là-bas dans l'ordre de la civilisation morale. Nous avons, en effet, un grand devoir à remplir envers ces populations. Ce devoir sera de leur constituer des élites de chez elles.

Mais nous aurons ici une double tâche : en affirmant, comme nous l'avons fait, notre supériorité absolue, nous avons fini par convaincre ceux que nous destinions à constituer ces élites de l'infériorité radicale de leur race, de sorte qu'ils ont honte de leurs ancêtres et de leurs contemporains, de leurs traditions et de leurs usages.

Convainquons-nous, nous-mêmes, des éminentes qualités dont font preuve ces races quand elles ont pu conserver leurs institutions, et persuadons ces jeunes gens que nous instruisons dans nos écoles qu'ils peuvent tirer une légitime fierté de l'esprit religieux, du sens de l'autorité, de la dignité personnelle, de l'honnêteté foncière qui caractérisent les parents vénérables qui les ont élevés en leur donnant des exemples qu'il n'est pas bien certain qu'ils donneront, eux, nouveau civilisés à leurs propres enfants.

<u>M. le Président</u> : Voilà bien les paroles de haute moralité et de profonde philosophie qui devaient être la conclusion de cette séance. Elles ont été dites par un homme d'une haute intelligence, qui a longtemps vécu au Dahomey, qui y a passé vingt-trois années, qui est provincial des Missions Africaines, qui a étudié sur place les mœurs et le caractère des indigènes. Il ne nous reste plus qu'à lever la séance en le remerciant très vivement de nous avoir apporté le réconfort de sa parole.

# LE TRAVAIL FORCÉ

*Cet article qui reprend les thèmes présentés au Comité National d'Etudes Sociales et Politiques le 18.03.1929, ci-dessus (AMA 3H25). Nous n'avons pu retrouver où il a été publié. Cote aux Archives SMA de Rome : 3H43.*

La Conférence internationale du Travail qui a tenu ses assises annuelles (12éme session), au début du mois de Juin dernier, avait inscrit à l'ordre du jour de son programme l'étude d'un rapport sur le Travail Forcé aux Colonies.

Ce rapport qui avait été soumis à l'examen de la Commission des Experts, et avait été approuvé par le Conseil d'Administration du Bureau International du Travail, est un volume in-octavo raisin de près de 400 pages, dont la composition a demandé un effort considérable de documentation, de classement, de discussion, de rédaction.

Il est dû en grande partie à Monsieur le Professeur Grimshew, à qui il convient de rendre hommage pour la sincérité et la générosité, pour le discernement et la discrétion avec lesquels il a conduit une enquête qui avait à éviter le double écueil de froisser les susceptibilités des Gouvernements Coloniaux ou d'être insuffisante à la tâche de haute justice qu'il entreprenait en faveur des indigènes.

On peut prévoir que cette étude prendra place dans l'histoire sociale du Monde moderne à côté des grandes enquêtes qui ont annoncé la signature de l'Acte de Berlin en 1885, de l'acte de Bruxelles en 1890 pour l'abolition de l'esclavage et de la Traite des Noirs.

La première étape vers la réglementation et la suppression du Travail Forcé aux Colonies est désormais franchie. En effet, la Conférence Internationale du Travail qui était composée pour une moitié de représentants des Gouvernements de la Société des Nations et pour une moitié de Délégués Patronaux et de Délégués Ouvriers a décidé, après de longues discussions, dont les journaux se sont fait l'écho, que la question du Travail Forcé serait inscrite à l'ordre du jour d'une prochaine et dernière session, (en 1930).

Sitôt la clôture de la Session de Juin, le B.I.T. a donc transmis aux Etats le texte désormais approuvé d'un questionnaire, expression du Rapport au sujet duquel ceux-ci donneront leur avis.

Les réponses reçues serviront au B.I.T. à établir un rapport définitif, avec un avant-projet de convention, qui sera transmis aux Gouvernements 3 mois avant l'ouverture de la Session de 1930, au cours de laquelle cet avant-projet sera adopté en séance plénière s'il réunit, au vote qui aura lieu, les deux tiers des voix.

Cette procédure rappelle celles des Parlements, et le sort de cet avant-projet a été décidé quand on a pris la décision de le discuter.

Nous pouvons donc prévoir que la pratique actuelle du Travail Forcé dans les Colonies sera bientôt déclarée comme portant une grave atteinte à la liberté individuelle et comme donnant naissance à un état analogue à celui de l'esclavage.

Les Missionnaires vont donc pouvoir enfin libérer leur conscience en révélant des abus odieux qu'ils étaient obligés de supporter en silence pour leurs ouailles parce que les administrations coloniales, aussi susceptibles que puissantes, n'auraient pas manqué de punir des plaintes intempestives à ce sujet, de sanctions qui auraient pu atteindre dans leurs racines les œuvres de l'apostolat.

L'opinion catholique qui a toujours uni à un zèle admirable pour les âmes, un souci compatissant pour le sort matériel des populations païennes portera certainement intérêt à cette grave question du Travail Forcé, pourvu qu'on la mette au courant des phases par lesquelles elle passe.

Par le présent article, on se propose précisément de donner un aperçu général de la question du Travail Forcé dans l'espoir que ce modeste exposé suscitera d'abord des études juridiques de la législation qui s'est introduite peu à peu en cette matière, puis d'émouvants appels en faveur d'une prochaine amélioration du sort des Indigènes ; enfin l'indication des réformes sociales capables de remédier aux difficultés nées de la colonisation moderne.

Commençons par dire en quoi consiste le Travail Forcé.

Le rapport du B.I.T. le définit : « *Tout travail ou service, exigé d'un individu, sous la menace d'une peine quelconque et pour l'exécution duquel le dit individu ne s'est pas offert de plein gré.* »

Cette définition fait immédiatement comprendre pourquoi on ne s'est pas servi, à la place du mot « forcé » de l'adjectif « obligatoire » lequel éveille l'idée d'une valeur « morale » due pour une part à l'adhésion raisonnée de l'exécutant, pour une autre part à l'utilité pour la communauté du travail imposé, enfin au mandat légitime de l'autorité qui le prescrit, condition dont la première au moins, nous pouvons le dire tout de suite, fait pratiquement défaut.

De la définition, passons à l'explication telle qu'elle appert de la confrontation des textes des ordonnances coloniales recueillies par le B.I.T.

Nous constatons que le travail forcé se caractérise de la manière suivante :

a. Le recrutement est « global » appelant sur un chantier tous les hommes d'un village, d'une tribu. Il se fait par contrainte.

b. Il arrive même que l'on lui donne la forme de la conscription militaire, c'est-à-dire que pendant 3, 4, 5 ans les jeunes gens aptes à servir ou même inaptes au service armé sont astreints à un travail continu ou sont mobilisables pour un travail intermittent au gré de l'administration.

c. Le travail forcé en principe n'est pas rémunéré ou il le sera à un taux inférieur à celui des travailleurs libres pour une occupation identique, ou bien il le sera sous la forme d'une « remise » qui est faite au chef qui ne répartit pas nécessairement, entre les travailleurs, l'argent qu'il a reçu.

d. En général, l'employeur ne s'inquiète pas de savoir s'il lui serait possible de trouver pour le même travail de la main d'œuvre volontaire.

e. La durée du travail reste indéterminée en fait, quoique les textes législatifs postérieurs à la guerre stipulent le nombre de mois pendant lequel les travailleurs seront maintenus sur les chantiers et qui va de 2 mois à 18 mois.

f.   Les travailleurs peuvent être dirigés vers des chantiers distants de leur pays d'origine de 200, 500, 1000, 1500, 2000 kilomètres.

g.   L'horaire quotidien de l'emploi du temps n'est pas fixé et peut dépasser 8, 10, 12 heures.

h.   Il n'existe pas de disposition prévoyant l'indemnisation en cas de longs déplacements, en cas de blessures, de maladie ou de morts.

D'après les textes des arrêtés des Gouverneurs des Colonies les travaux auxquels peuvent être employés les Indigènes sont de deux sortes si l'on regarde les employeurs :

-   Travail forcé pour le Gouvernement.
-   Travail forcé pour les Particuliers.

De deux sortes encore si l'on considère ce but poursuivi :

-   Travail forcé pour des fins d'intérêt général.
-   Travail forcé pour des fins d'intérêt local.

De quatre sortes si l'on se place au point de vue de l'objet même du travail : - Travaux Publics– Portage - Entretien des Concessions - Cultures obligatoires.

1. Les travaux publics comprennent :
La construction ou la réparation
des bâtiments administratifs.
des voies ferrées,
des routes,
des télégraphes et téléphones,
des ponts, des ports, des quais, des jetées, des canaux, des aqueducs, des réservoirs, des drains, des puits, des lavoirs, des citernes, des sanitaires, etc.

2. Le portage se définit lui-même par le mot qui l'exprime ;
au début de la colonisation, au moins en Afrique, il a constitué à lui seul tout le travail forcé dans des pays où la traction animale n'existe pas, où les voies d'eau sont assez souvent inutilisables.

3. Dans certaines colonies, d'immenses concessions ont été accordées à des Compagnies européennes qui ont reçu avec la propriété transitaire du terrain et des cultures spontanées, l'autorisation de recourir par voie administrative à la réquisition pour recruter la main d'œuvre nécessaire à l'exploitation des concessions. Il est arrivé que cette autorisation a été combinée avec celle d'exiger des indigènes des cultures obligatoires.

4. Celles-ci sont imposées aux chefs de village pour la production des plantes industrielles d'origine étrangère : coton, café, cacao, ricin, etc. etc. La quantité à produire peut être déterminée, la superficie des champs à cultiver est du moins fixée. Les moissons sont achetées aux Indigènes à des taux inférieurs aux cours normaux.

Pour la clarté de cet exposé qui ne prétend pas d'ailleurs à être technique nous ramènerons à deux types les divers modes de travail forcé :
-   Les travaux publics.
-   Les cultures obligatoires,
et quand nous parlerons des premiers nous ferons surtout allusion à la construction de (...) [31], des voies ferrées, et au percement des routes.

Rappelons aussi une fois pour toutes que la législation du Travail Forcé décrite plus haut est de date récente 1928, 1927, 1926, 1925, 1924. Auparavant le Travail Forcé était organisé suivant des dispositions spéciales prises chaque fois par l'autorité compétente.
Examinons sommairement qu'elles ont pu être les conséquences inévitables en dehors des abus d'un tel état de choses.

a. Le recrutement « global » qui ressemble à un coup de filet amène sur les chantiers du « tout venant » en fait de travailleurs, c'est-à-dire, en dehors des hommes valides, des vieillards et des adolescents, des malades ou des infirmes dont ce n'est pas la place.

b. Le recrutement « par contrainte » va priver les villages, au moment opportun des bras nécessaires au défrichement, aux semailles ou à la moisson.

---

[31] Un mot manque.

c. Le recrutement qui est paysan par essence, conduit sur les plates-formes en construction des voies ferrées ou des routes des travailleurs inadaptés professionnellement qui seront probablement maladroits et se blesseront en se servant d'un outillage imprévu (s'il y a un outillage), ou qui seront vite exténués aux heures continues d'un travail qui ressemble si peu au labeur paisible des champs.

d. Si des travailleurs sont éloignés de leur pays, une nourriture va leur être imposée qui leur sera aussi étrangère que serait pour nous la leur, d'où la sous-alimentation, les troubles organiques comme la constipation, les inappétences, qui vont les mettre dans un état de moindre défense vis-à-vis de toutes les contagions de ces pays, les dysenteries, le paludisme, le béribéri, les vers intestinaux, les ulcères phagédéniques, le tétanos, les filaires, etc.

e. Il y a pour leur corps un sol natal, un habitat qui n'est pas aussi étendu que l'Afrique elle-même dans laquelle on distingue au moins trois climats, celui de l'Equateur, celui des Tropiques, celui des régions tempérées (Afrique septentrionale, et Afrique centrale.) Il peut être funeste pour les Indigènes de l'Afrique Equatoriale de venir travailler même dans de bonnes conditions sous le climat tropical.

f. Le Travail Forcé soumet les Indigènes à la vie des « camps » en « pays étranger » d'où les démoralisations, les ravages de l'alcoolisme, de la licence des mœurs, d'où encore des maladies vénériennes.

Le Travail Forcé a porté indirectement atteinte à l'autorité et au prestige des chefs qui n'apparaissent plus aux yeux des Indigènes que comme des employés des Blancs, procurant des travailleurs, faisant le recrutement militaire, percevant l'impôt, prescrivant les corvées, punissant les infractions aux règlements édictés par les Blancs, lesquels n'ont jamais recours à ces mêmes chefs pour accorder des bienfaits aux populations et n'écoutant même pas leurs doléances quand ils présentent de justes revendications, au nom de leurs gens.

Il faut ajouter que parfois l'administration européenne intervient dans la nomination des Chefs et enlève ainsi à leur fonction le caractère héréditaire, la consécration religieuse qui sont des éléments indispensables de la légitimité du pouvoir dans ces pays.

Des voyageurs, parcourant certaines régions de l'Afrique ont raconté qu'ils avaient vu des femmes et des enfants occupés à la réfection d'une route. Qui avait recruté ces étranges cantonniers ? L'administration européenne était certainement étrangère à un pareil abus. Mais pour que la route soit réparée, elle avait exigé du chef, que de tel jour à tel jour, des équipes composées de X travailleurs, hommes et jeunes gens, se rendraient sur les lieux pour remettre la plate-forme en état. Ceux-ci n'avaient pas obéi au chef, privé de ses moyens disciplinaires et peut-être de son autorité et pour remplacer ces frondeurs, le Chef avait eu recours aux éléments plus soumis ou plus faibles de son village.

La « vénalité » des chefs cause aux populations indigènes plus de maux encore que leur manque d'autorité.

Il était facile aux voyageurs dont nous parlions plus haut d'observer que ces femmes et ces enfants étaient employés abusivement à ces travaux qui n'étaient ni de leur sexe, ni de leur âge. Ils ont pu hélas reconnaître ailleurs un peu partout, parmi les travailleurs, les malheureux qui satisfaisaient pour la 2ème, la 3ème, la 4ème, la 5ème fois à l'obligation du Travail Forcé ou à celle de la prestation, remplaçant d'autres indigènes plus aisés ou mieux en cour qui s'étaient rachetés de ces obligations, les premiers en versant une forte somme aux Chefs, les seconds en leur rendant des services douteux (v.g. de délation).

Le Travail Forcé exécuté au loin, met les travailleurs sous la dépendance de Directeurs européens ou de Surveillants Indigènes qui ne les connaissent pas. Ces travailleurs arrivent donc anonymes sur les chantiers, ils en repartent de même.

Mais les employeurs, qui les ignorent, savent fort bien qu'on les remplacera si les maladies ou la mort font des vides parmi eux, et cela seul suffit. Une grande indifférence à leur égard résulte de cette sécurité.

Il faut entendre les commandants de cercle parler de cette irresponsabilité. Pour eux, ces travailleurs ne sont pas des machines à remblai ou à déblai, mais des hommes dont ils connaissent le village, le milieu et parfois la famille, des hommes qu'ils ont vu partir au milieu des adieux des leurs. Au dernier moment, ils ont regardé avec commisération ces « pauvres types » comme ils disent qui quittaient leur belle vie campagnarde, un certain nombre d'entre eux, pour ne plus revenir.

Un Commandant de Cercle parlant un jour de ce dédoublement de l'autorité disait que le Travail Forcé ainsi compris, était pire que l'esclavage parce que l'esclave avait au moins aux yeux de son maître la valeur de l'argent qu'il avait coûté, ce qui n'arrive pas pour le travailleur forcé que l'on remet sans échange d'argent ni de contrat à un chef de chantier qui ne perdra rien en le perdant, puisqu'il est sûr de son remplacement.

Pour compléter le tableau « légal » des caractéristiques, des aspects, des conséquences du Travail Forcé, énumérons quelques-uns des moyens de contrainte indirecte par lesquels on recrute les travailleurs.

Il faut nommer en premier lieu ce qu'on appelle en langage colonial « l'Indigénat », droit que possède tout chef de poste de punir certains délits sans acte d'accusation, sans jugement, sans inscription sur un registre de procès-verbaux, en infligeant des amendes, en donnant des jours de prison qui peuvent être convertis en temps équivalent de travail forcé.

Du travail forcé peut être encore imposé à titre de sanction par le Chef de Poste pour des délits dont la collectivité indigène est tenue responsable ;

> - v.g. quand on a la certitude que cette collectivité a donné asile à un criminel, ou qu'elle n'a pas pris les mesures appropriées pour empêcher la faute de celui-ci.
> - v.g. quand elle a fait disparaître ou tenté de faire disparaître les preuves d'un acte criminel quelconque.
> - v.g. quand elle n'a pas restitué un objet volé par l'un de ses membres ou qu'elle n'a pas pris part à la recherche de cet objet, lorsque cette recherche se fait sur son territoire.
> - v.g. quand, à la suite d'une injuste agression une personne a été grièvement ou mortellement blessée, elle n'a pas usé de tous les moyens en son pouvoir pour remettre le coupable à la justice.

Le Travail Forcé peut s'imposer au choix en lieu et place d'un impôt comme l'impôt individuel de capitation, ou l'impôt collectif de case, pour punir le vagabondage, la circulation sans permis, le manque de moyens d'existence. On a obligé au Travail Forcé dans certaines colonies des indigènes coupables d'infractions qui auraient mérité une punition plus sévère mais qui bénéficiaient d'une certaine indulgence parce qu'elles avaient été commises sans intention délictuelle.

Terminons cette énumération en disant qu'il y a eu des cas où l'impôt a été établi dans des tribus dans le but précis de forcer les hommes valides à s'engager au service d'un employeur privé et à gagner de cette façon l'argent nécessaire au paiement du dit impôt.

Pour forcer encore les Indigènes à chercher un emploi sur le marché du travail, on les a dépossédés de leurs terres cultivables, on a limité les ensemencements ou diminué la possession du bétail qui aidait à la subsistance quotidienne.

On doit s'étonner assurément de la contradiction qui existe entre de telles pratiques et la conception européenne, du rôle de la civilisation dans les pays indigènes.

On s'étonnera davantage encore si l'on considère l'ensemble de l'œuvre de la colonisation qui comporte des réalisations aussi généreuses qu'éclairées dans l'organisation de la Justice, de l'assistance médicale, de l'hygiène publique, de l'enseignement, du commerce, etc. etc.[32].

Faut-il essayer de mettre cette contradiction en contradiction avec elle-même et affirmer que ces réalisations poursuivaient encore l'avantage des Européens, qui trouvaient dans ces améliorations un stimulant à la soumission nécessaire à leur sécurité, ou un concours utile à leurs affaires. Faut-il aller jusqu'à dire que l'on se soucie peu en introduisant ces belles réformes de l'Indigène lui-même ? Ce serait méconnaître et décourager d'excellentes intentions plus nombreuses et plus efficaces qu'on ne pourrait le croire.
En vertu de quelles forces aveugles, les Européens ont-ils donc été amenés à introduire le Travail Forcé chez les populations indigènes ?

---

[32] (Note : Le plus souvent ces améliorations sont faites au profit de centres urbains, de régions côtières et non au profit de l'ensemble des populations de la campagne ou de l'intérieur. Les Chrétiens en bénéficient particulièrement.)

L'opinion publique métropolitaine doit être nommée la première parmi ces forces, l'opinion publique d'Europe qui méprise les gens « de couleur » sans raisons, sans preuves, malheureusement non sans conviction, parce qu'ils sont de « couleur ». L'opinion publique contemporaine, héritière de celle qui pendant quatre siècles consacra la pratique de l'esclavage, en dépit de la culture intellectuelle du temps où elle commença (16ème siècle), l'opinion ignorante, pour qui les Colonies sont des Eldorado pleins de merveilleuses promesses qu'on aurait tort de ne pas réaliser, l'opinion publique qui s'est fort scandalisée il n'y a pas longtemps quand elle apprit que les diverses colonies d'une métropole produisait 50.000 tonnes de café avant la Révolution, et que ces mêmes colonies n'en produisaient plus de nos jours que 5.000. On oubliait, ce qui est déjà important, que les dites colonies ont peut-être actuellement d'autres cultures que le caféier, monoculture en ce temps-là. On oubliait, ce qui est plus grave, que les 50.000 tonnes étaient dues au travail de milliers d'esclaves.

Pour que le présent égale le passé ou lui soit supérieur va-t-on réclamer la « Traite des Noirs » ? Non, certes, mais il est facile de se rendre compte que les préjugés, l'ignorance, une certaine ambition économique ont créé dans les esprits une confusion de frontières entre le permis et le défendu en fait de convoitises coloniales. Confusion qui fait le lit à la « bonne foi » des jeunes gens se destinant aux Colonies où les suivra cet aveuglement « d'éducation » auquel les Indigènes devront tant de cruelles incompréhensions.

Autre force aveugle : la « vocation » coloniale des peuples civilisés. Au cours du 19ème siècle, le mot Colonie a changé de sens, il désignait autrefois l'essaimage d'une cité, d'un peuple et les « colonies » ainsi comprises étaient des groupements d'hommes vivant en un certain état de cohésion dans un pays étranger ou sur une terre nouvelle. On appelle actuellement Colonies des territoires dont on s'est emparé par droit de conquête ou par droit de traités, en substituant l'autorité européenne à l'autorité indigène.

Ces colonies sont de deux sortes :

Colonies de peuplement quand le climat permet aux Blancs d'y vivre et d'y travailler, colonies d'exploitation quand le travail est fait exclusivement par les Indigènes, le climat étant trop insalubre pour les Européens. En vertu de quel droit les nations européennes ont-elles pu s'emparer ainsi de ces pays ?

Ce « droit » est un double « devoir ».

1. Un devoir pour les nations européennes qui détenant le flambeau de la civilisation doivent écouter l'appel qui se lève de ces immenses continents où règnent la barbarie et l'ignorance, la guerre et la servitude ; il s'agit pour elles d'obéir noblement à une vocation de progrès et d'humanité, devant laquelle aucune résistance ne peut se produire, parce que ce serait celle des ténèbres, qu'il faudrait vaincre.

2. Un devoir pour les populations indigènes astreintes à la rigoureuse obligation de contribuer pour leur part au bien-être de la grande famille humaine dont elles font partie. Or, les pays qu'elles habitent sont seuls capables de produire certaines plantes particulièrement nécessaires au monde moderne ou contiennent de particulières richesses minérales, les unes et les autres non cultivées et inexploitées par la faute de leur incurie et de leur ignorance. Une tutelle s'impose au nom de l'intérêt commun.

On ne se contentera donc pas, pour assurer cette collaboration, pour atteindre ce noble but, de prendre possession du territoire en neutralisant le pouvoir des dynasties indigènes, on s'accordera les privilèges domaniaux de celles-ci, les dépassant même puisque les administrations européennes se reconnaissent à la fois un domaine éminent, un domaine utile sur les terrains.

Cette mainmise a pu préparer les voies au recrutement, pour le Travail Forcé, des paysans qui occupaient ces terres sans en tirer tout le parti possible et qu'on ne pouvait hésiter à employer encore à d'autres travaux puisque certaines saisons leur laissaient tant de loisirs.

Une commission chargée de l'étude de la main-d'œuvre dans une importante colonie a tiré admirablement de ce double impératif une conclusion utilitaire qui éclaire les intentions des puissances européennes comme elle explique l'introduction du Travail Forcé parmi les Indigènes : « la politique sociale et la politique économique sont inséparables et solidaires de leur

développement. L'œuvre civilisatrice doit être financée sinon rémunérée par le rendement économique de la colonie et à son tour la prospérité économique est conditionnée par le relèvement physique, intellectuel et moral de la population. »
Malheureusement pour cette thèse :

1. L'expérience démontre que le rendement qui rémunère appauvrit les colonies et rend l'exploitation impossible.

Une commission chargée de l'étude des questions indigènes en Afrique, signalait dès 1905, que toutes les mesures de coercition doivent être condamnées non seulement parce qu'elles sont injustes mais encore parce qu'elles sont irrationnelles au point de vue économique : la qualité du travail forcé étant naturellement inférieure à celle du travail libre.

Une autre opinion s'exprime ainsi : Le rendement du système, celui du travail forcé, était médiocre quant à la marche du travail et s'il avait dû être généralisé, étendu à tout le territoire, il eut nécessité un nombre (...) [33] de surveillants rétribués à celui des travailleurs gratuits.

2. L'expérience démontre encore que le Travail Forcé raréfie les populations. Un écrivain rapporte : Tout le monde est frappé de l'absence de population dans le Bas et le Moyen Fleuve[34], tout le monde reconnait que ces populations ont dégénéré plutôt que progressé. Tout le monde dit que le mal vient de loin, de la traite de jadis, de l'alcool d'hier, mais surtout du portage et des ravages causés par la construction du chemin de fer. « *On a épuisé, décimé les villages, beaucoup ont fui loin des centres de trafic, la civilisation qui eût dû les attirer les a refoulés et dispersés.* »

Suivant un rapport déposé à la commission d'hygiène de la Société des Nations, la population de certaines iles aurait diminué des ¾ en 30 ans, grâce en partie au travail forcé.

3. L'expérience démontre enfin que le travail forcé, au lieu d'avoir une valeur d'éducation comme quelques-uns l'ont prétendu n'est au contraire qu'un facteur de démoralisation ; nous lisons en effet dans plusieurs rapports envoyés à Genève :

---

[33] Manque un ou deux mots.
[34] Il s'agit du fleuve Congo.

« *Il est à craindre que si l'on en vient à prendre des mesures de coercition à l'égard des indigènes africains, on ne provoque chez ce dernier un état d'esprit tel qu'il ne travaillera par la suite, que s'il y est contraint. On doit toujours se rappeler que l'un des plus fâcheux effets de l'esclavage en dehors de son caractère immoral et de son inefficacité économique c'est de créer une mentalité servile. Un être humain accoutumé à l'esclavage semble une fois libéré avoir perdu le goût du travail.* »

Même l'éducation du colonial européen est faussée par le travail forcé qui fait disparaître chez les employeurs le désir de perfectionner leur outillage puisque la main d'œuvre contrainte ne leur manquera pas.

Quand on connaît les Indigènes, comme on regrette que les Coloniaux du début s'y soient pris d'une telle façon pour établir le contact entre notre civilisation et l'état généralement paysan des Noirs ! Ils ont à la fois manqué de vrais principes, de saines méthodes et du sens de l'opportunité, se méprenant même au sujet de leurs propres intérêts.

De quoi s'agissait-il ? D'entreprendre des travaux publics, des voies ferrées, des routes ?

Ne devait-on pas se demander d'abord si l'on trouverait sur place le nombre de travailleurs voulu ? On aurait pu se dire ensuite que le temps ne pressait pas.

De quelle époque datent chez nous, non seulement les voies ferrées mais toutes les routes communales et une grande partie des routes départementales ? Du milieu du siècle dernier. Les campagnes européennes n'ont-elles pas été morales, instruites, laborieuses, aisées, civilisées, avant cette époque ?

Que penser dès lors du rythme auquel on a construit tant de routes en pays indigène, à raison de 1.000 kilomètres par an pour des populations bien moins denses que les populations européennes[35].

On aurait dû surtout rétribuer les travailleurs, cela eut été d'autant plus facile que des salaires même modiques eussent

---

[35] (Note : Il est vrai que ces routes sont d'une construction facile, l'administration européenne économisant les matériaux chers. Mais elles seront aussi très vite ravinées par les pluies, d'où la nécessité de constantes réparations qui prennent plus de temps que n'en aurait demandé un premier travail sérieux.)

constitué de petites fortunes pour des gens qui n'étaient pas habitués à l'argent, et quelle première éducation pour les Indigènes dans le gouvernement d'eux-mêmes que l'emploi judicieux de ces petites sommes, qui seraient toutes allées à la consommation, créant des besoins, alimentant les commerces locaux !

De quoi s'agissait-il encore ? D'introduire des cultures nouvelles ?

La résistance que l'on a éprouvée ici, est-elle particulière aux Indigènes ? N'est-elle pas spécifiquement terrienne ? Dans quelles contrées les paysans renoncent-ils de bon cœur aux cultures traditionnelles ? Des démonstrations persévérantes n'auraient-elles pas eu raison à la fin de ces villageois ? La meilleure de toutes était connue, pourquoi ne l'a-t-on pas employée ? Celle qui consiste à acheter au producteur quelques-unes de ses récoltes au prix fort pour l'encourager. Au lieu de cela on donnait des prix dérisoires qui ont mécontenté les Indigènes beaucoup plus commerçants qu'on ne croit.

Il est vrai que les difficultés de transport rendaientcet avilissement des prix. Mais c'était une erreur de vouloir mettre immédiatement en valeur des pays éloignés des côtes ou des voies d'eau. Il aurait fallu attendre que les régions du littoral, ou les régions fluviales, fussent assez développées pour éveiller l'attention, exciter la convoitise des Indigènes de l'intérieur des terres et faire comprendre ainsi l'utilité du transport et la nécessité des voies de communication. Peut-être s'est-on trop pressé aussi du point de vue de l'état des mœurs car la mise en valeur rapide, précédant l'évolution sociale a soulevé des désordres familiaux et paralysé les initiatives.

En voici un exemple :

Avant l'arrivée des Blancs, les produits les plus estimés comme le caoutchouc, le coton, les bois précieux, n'étant pas exportés, n'avaient pas de valeur commerciale. Sans valeur était aussi la terre qui les produisait et sans richesse enviable le Maître qui présidait aux destinées du village. Que va-t-il se passer quand les jeunes gens ou les hommes de la tribu vont avoir, grâce aux Européens, la révélation des ressources de leur pays et de l'avoir du chef qui vend les récoltes ? Ils désireront recevoir une part de ces bénéfices qui ne leur sera pas accordée par les coutumes du pays. Comme depuis l'arrivée des Européens, l'autorité des pères de famille s'est émoussée, ces jeunes gens refuseront de cultiver des terres dont ils attendent désormais autre chose que la nourriture de chaque jour.

L'administration prendra ce refus pour de la paresse, de l'obstruction systématique au progrès, ou pour une méconnaissance de l'intérêt général et même des intérêts particuliers et elle recourra au travail forcé. Etait-ce l'unique solution ?

On aurait pu essayer avec prudence de diviser le temps du travail en deux parties, l'une qui aurait été employée à cultiver le vaste domaine de la collectivité et l'autre à cultiver en marge de ce domaine des lopins de terre dont les revenus ne seraient point allés à la communauté, mais aux jeunes gens qui les auraient mis en valeur et qui en seraient devenus peu à peu de véritables propriétaires, ébauchant ainsi un essai de propriété privée.

Pour les grandes concessions européennes elles-mêmes on aurait pu se servir de la conception féodale de la propriété pour en commencer l'exploitation, car on se tromperait en pensant que la première formule du bonheur pour les Indigènes est leur affranchissement de la collectivité. Ils n'entendent pas comme nous la liberté individuelle, ils n'ont pas la même notion que nous de l'état social. Il ne leur aurait pas déplu au début d'être attaché à une riche concession comme à la glèbe, sauf à trouver dans le personnel directeur européen, la dignité, la bonté, la justice du vrai chef. Mais il aurait fallu pour cela que ce personnel ne fut pas aussi intermittent, ni aussi mercenaire. La concession fut alors devenue, dans la Colonie, une autre colonie avec un budget de travaux publics, d'hôpitaux, d'écoles, etc., ce qui aurait été utile à l'administration générale elle-même qui n'a souvent ni assez de personnel, ni assez de crédits pour installer ses services dans la totalité des territoires qui lui sont confiés.

Le travail forcé eut pu devenir dans ces conditions un travail consenti, c'est-à-dire fait sous l'autorité respectée d'un chef vénéré pour l'intérêt d'un pays qui était celui des Travailleurs eux-mêmes. Peu à peu, l'éducation civique de ces populations se serait faite, nous voulons parler de cette éducation qui consiste à comprendre que des travaux comme les routes pouvant être utiles à tous, doivent être faits par tous.

A ce propos, il faut s'étonner que la Conférence du Bureau International dans sa session de juin, maintenant le principe du travail forcé pour les travaux publics, ait cru devoir le proscrire au profit des entreprises privées, comme les concessions dont nous parlons plus haut. Plus spécialisé, ce dernier travail a pourtant l'avantage de former de bons agriculteurs, et non de simples manœuvres, comme cela arrive pour les travaux administratifs, davantage soumis aux lois économiques (production rémunératrice, concurrence, etc.) il évoluera de lui-même vers le payement en salaires, et la constitution de la propriété privée. Enfin et surtout, il est plus facilement contrôlable que le travail d'une administration qui n'a d'autres surveillants qu'elle-même.

Après avoir considéré le Travail Forcé dans ses origines, son application, ses inconvénients au point de vue de la civilisation et de la colonisation européennes, il nous reste à envisager la grave erreur qu'il constitue au point de vue Indigène.

La Conférence Internationale du Travail ne s'est pas préoccupée de cet aspect de la question pour établir son Rapport qui est fait d'après les textes législatifs des Gouvernements Coloniaux ou d'après des études de Commissions d'Experts ou de voyageurs mandatés par des gouvernements philanthropiques.

Cependant un Goudou et un Javanais ont pris à ces travaux une part qui, de l'avis de tous, a été fort brillante. Elle a de plus exprimé le souhait que la représentation indigène fut plus complète dans les organisations qui s'occupent du Travail Forcé. Remarquons-le tout de suite : qu'elle n'a pas dû être la stupeur des Indigènes, quand, ayant reçu, chez eux les Blancs, comme des amis, parfois comme des sauveurs, ayant mis en eux, leur confiance ingénue de Primitifs, ils les ont vu recourir brutalement au recrutement, aux déportations de nombreux travailleurs.

Puisque le droit des nations européennes à la colonisation et à toutes les conséquences qui en découlent, v.g. le Travail Forcé a été constitué comme nous l'avons dit plus haut, par une sorte de Mission civilisatrice, ayant pour but de libérer les Indigènes de leur servitude ou de les sortir de leurs vices, demandons-nous qu'elles étaient en réalité leurs conditions d'existence avant l'arrivée des Blancs.

On répond immédiatement en Europe : ils vivaient
- dans l'esclavage,
- dans la polygamie,
- dans les sacrifices humains,
- dans une cruauté généralisée,
- dans tous les avilissements de l'esprit.

Il est vrai que beaucoup de tribus se faisaient la guerre entre elles dans le but d'alimenter les marchés d'esclaves avec les captifs de guerre. Mais ces luttes fratricides n'avaient pas toujours existé ; pour les Africains, qui vivaient en paix dans leurs riches campagnes, elles datent du temps où les Blancs sont venus se ravitailler en esclaves dans leur pays, pour les colonies d'Amérique.

L'esclavage qui a été pendant quatre siècles une plaie pour l'Afrique n'est pas une honte que pour l'Europe.

La polygamie choque profondément le sens moral européen par le manque de liberté individuelle de la femme, par la rivalité qui oppose entre elles les épouses, par la division qui règne entre les enfants quand ils ne sont pas frères utérins. Mais on aurait tort de croire que la polygamie indigène est licencieuse. Les primitifs qui sont plus que les civilisés, des enfants de la nature n'usent pas du mariage, *ad sedendam concupiscentiam* mais *ad procreationem generis humani*[36]. Tous les missionnaires ont reproché à leurs catéchumènes, femmes, de sacrifier leurs devoirs d'épouses à leurs devoirs de mères, ce qui est sans doute l'origine de la polygamie (sans que celle-ci en soit légitimée).

Les sacrifices humains dont on a tant parlé n'étaient pas fréquents. Ils avaient un caractère rituel qui démontrait l'aberration des esprits, mais non la perversité des mœurs. Le plus souvent, les victimes étaient volontaires et elles entendaient bien n'être pas frustrées de l'honneur d'être immolées à la divinité, ou à la mémoire du roi.

---

[36] En latin : Non pour la concupiscence, mais pour la reproduction du genre humain.

La cruauté tant reprochée aux Indigènes ne leur est pas particulière, on retrouve leurs mœurs rudes et leur mépris de la vie humaine chez tous les peuples de l'antiquité et chez toutes les races de l'Europe, au début de l'ère chrétienne. Cette cruauté était, à peu près toujours, la répression officielle d'une faute contre la religion, l'autorité, la morale, la tradition, les usages. Sans doute elle n'était pas proportionnée, selon nous du moins, à la faute : le moindre larcin était puni de la mutilation de la main.

Mais nous ne pouvons oublier que les groupements humains de ces pays, isolés comme ils l'étaient ou exposés à de multiples dangers intérieurs avaient dû prendre des garanties spéciales de sécurité morale : d'où cet aspect de loi martiale qu'ils ont donné à leur législation, et qui loin d'être de la barbarie est une sévérité prudente et peut-être délicate en matière de morale.

Après avoir prêté aux primitifs tant d'inhumanité on devait les supposer sans intelligence et sans instruction. On n'y a pas manqué et les Européens se donnent comme première tâche, dans les pays indigènes « d'instruire » les populations qu'ils croient profondément ignorantes. Celles-ci au contraire ont une grande culture : celle de tous les analphabètes qui sont très au courant de leur histoire, de leur religion, du code de leur morale, du droit coutumier, de leur folklore, de leurs chants populaires, de leurs danses rituelles, de leur pharmacopée, de l'empirisme médical accumulé par des siècles d'observation.

Les poètes, les musiciens, les artistes, les annalistes, les prêtres, les médecins, etc. etc. mais c'est presque tout le monde dans ces pays fortunés où les classes populaires se sont suffi à elles-mêmes dans tous les domaines.

On pourrait caractériser d'un seul mot les populations indigènes, dans l'ordre moral comme dans l'ordre intellectuel, elles sont capables hic et nunc de « se convertir », c'est-à-dire de comprendre les Missionnaires quand ils font l'exposé de leur sublime doctrine, de partager leurs émotions quand ils les mettent en présence des beautés et des bienfaits de la Religion, de marcher sur leurs pas quand ils leur montrent le chemin de la perfection chrétienne.

Comment de telles populations vont-elles juger le travail que les Blancs leur imposent dans les conditions que nous savons ?

Ce serait un émouvant chapitre à écrire où personne n'aurait le courage de tout dire. Cherchons cependant à nous représenter quelques-unes des blessures morales qu'elles en ont ressenties. La première est certainement la désillusion de voir avilies des occupations pour lesquelles ils pouvaient avoir auparavant la plus grande estime.

Coopérer à des travaux d'intérêt général ou local, mais ce n'était pas nouveau pour ces hommes dont la vie est éminemment « collective ». On peut dire qu'ils ne travaillaient jamais autrement que pour le bien commun puisque le salaire, le champ individuel n'existaient pas. Mais ces travaux avaient la noblesse et la consolation d'être prescrits et dirigés par des chefs respectés pour eux-mêmes et vénérés parce qu'ils représentaient la volonté des ancêtres, en les accomplissant avec l'allégresse d'un devoir religieux, c'était « servir le roi », ce qui équivaut en langage européen à « servir la patrie ».

Quelle honte aussi de travailler à des cultures, v.g. en punition de certaines fautes (en vertu de cette contrainte indirecte dont nous avons parlé) !

Certes les mesures de répression ne manquent pas chez les Indigènes, elles sont plus sévères même que partout ailleurs parce que toute faute est un péché qui ne relève pas du Code Pénal inexistant dans ces pays, mais de l'ordre spirituel contrôlé, sinon établi par les divinités, ordre qui appelle après l'acceptation du châtiment, la réparation de la faute par le sacrifice et l'amendement.

Mais on ne punit pas des coupables puisque coupables il y a selon les Blancs en les envoyant par force travailler à des cultures, ce qui est une sorte de sacrilège, car le travail de la terre qui se fait sous la protection d'une multitude « d'esprits » protecteurs cachés sous les plantes des campagnes. Le travail de la terre qui produit mystérieusement les moissons bienfaisantes, le travail de la terre est sacré[37].

Enfin quelle démoralisation pour les Indigènes de vivre à des distances plus ou moins grandes, dans des campements où ils se trouveront éloignés de leur milieu social, et privés surtout de vie religieuse.

Ils souffriront de leur « assimilation » à la main d'œuvre pénale, eux qui n'ont jamais été déshonorés par aucun jour de prison ni aucune amende, « de cet anonymat » grâce auquel on les confond les uns avec les autres, les fils de Chefs, les prêtres, les oracles, les guerriers, les chasseurs, les aèdes, les chefs de sociétés secrètes, etc. etc., de la « promiscuité » avec les habitants d'un autre village, des ennemis séculaires peut-être, en tout cas des étrangers, différents d'idiome, de tatouages, de religion avec lesquels les sentiments, comme les convenances empêchent de se commettre, de leur « intégration » dans cette collectivité factice qui est un campement où l'on ne sait pas où se réunir pour palabrer, où manquent les vieillards que l'on consulte, les Chefs auprès desquels on se tient, qui sont remplacés, les uns et les autres par des miliciens indigènes arrogants et injustes, vendus aux Blancs qu'on leur préfèrerait encore s'il fallait choisir.

Et puis les jours succèdent aux jours, sans que l'on fasse à la tombe des ancêtres la prière quotidienne, les dieux aussi sont privés de sacrifices qui ne leur ont jamais manqué. Les funérailles des morts récents sont retardées, ou elles s'accomplissent sans les cérémonies traditionnelles.

La crainte des plus terribles châtiments pour tant d'abandon sinon tant d'infidélités trouble ces âmes qui sont privées d'autre part des jouissances spirituelles que leur procureraient les longues cérémonies religieuses.

Une suprême terreur s'empare d'eux : que deviendrait leur dépouille mortelle s'ils venaient à mourir dans ce camp ? Car si les Indigènes n'ont pas peur de mourir, ils redoutent de ne pas être ensevelis selon les rites parce que c'est cet ensevelissement

---

[37] (Note : Rien ne montre mieux l'avilissement du travail imposé par les Blancs, que l'empressement des Indigènes à s'en racheter, quand cela leur est permis ; ce rachat a produit en une année, par un groupe de colonies, la somme de 36.793.490 francs. Cf. *Rapport Grimshew*, page 128.)

qui leur assure, *ex opere operato*, leur heureux séjour dans l'autre vie avec les ancêtres.

Des voyageurs ont remarqué que des travailleurs forcés même traités avec ménagement, bien nourris, dépérissaient peu à peu et finissaient par mourir. Ils ont écrit que ces malheureux « perdaient la volonté de vivre ».

Le court exposé qui précède fera peut-être comprendre la raison de cette défaillance des forces morales. Les Missionnaires qui se sont penchés sur ces âmes primitives pour en sonder les riches possibilités spirituelles, les profondes aspirations religieuses ne seront point surpris que la nostalgie des choses divines jointe au manque de réconfort social ait pu les conduire à la mort.

A la fin de cet article qui contient des pages bien sombres, il convient cependant de s'abandonner au plus confiant optimisme parce que la cause des Indigènes est admirablement servie à Genève par le Bureau International du Travail et que les Nations civilisées émues des abus du Travail Forcé sont décidées à prendre les mesures capables d'améliorer d'une manière certaine le sort des Indigènes.

Ayons un autre espoir, celui que fait naître la Politique coloniale issue de l'esprit dans lequel on administre les pays de Mandats[38]. Cette ligne de conduite nouvelle veut que les peuples Indigènes soient traités comme des Pupilles par les Nations métropolitaines, jusqu'à ce qu'ils soient parvenus à la majorité libératrice qui rendra inutile la tutelle européenne.

---

[38] Anciennes colonies allemandes (Togo, Cameroun...) qui après la guerre de 1914-18, sont confiées à la Belgique, la France et l'Angleterre, mais sous le contrôle) de la SDN (Société des Nations).

# QUE DOIT-ON PENSER
# DU « TRAVAIL FORCE » ?
# L'AVIS D'UN EXPERT, LE PERE AUPIAIS

*Cet article reprend les thèmes présentés au Comité National d'Etudes Sociales et Politiques le 18.03.1929, ci-dessus (AMA 3H25) ; il est paru dans le Nouveau Journal du 15 Juin1930, dans la rubrique 'Notes Sociales'. Cote aux Archives SMA de Rome : 3H30. Présentation du père par l'auteur de l'article :*

J'ai rencontré hier le Père Aupiais, supérieur provincial des Missions africaines de Lyon, qui a été pendant 25 ans missionnaire dans l'Afrique occidentale française. Il revenait de Genève, où il était allé documenter le Bureau International du Travail sur la question du « Travail forcé » dans les colonies.

J'ai obtenu de lui qu'il consentit à donner aux lecteurs du « Nouveau Journal » la substance des idées qu'il a développées devant les collaborateurs de M. Albert Thomas[39].

L'opinion du Père Aupiais mérite à plus d'un titre en effet d'être entendue et retenue. Bien que peu connu du public à Lyon, cet ardent missionnaire, qui est un grand savant et un grand colonial, jouit dans d'autres milieux d'une autorité que personne ne conteste. Quelques Lyonnais sans doute l'ont rencontré, qui ont visité il y a deux ans son exposition d'art dahoméen au Musée colonial, rue de la charité, ou qui l'ont entendu dans quelques conférences qu'il a faites à la Chronique sociale ou au Palais du Commerce, devant la Société des Amis des Missions.

Il a trouvé plus d'empressement à l'écouter chez les Parisiens : ayant présenté un rapport au comité national d'études

---

[39] *Albert Thomas* (1878-1932), homme politique français, directeur de l'Organisation Internationale du Travail (OIT) à Genève de 1920 à 1932.

sociales et politiques qui, on le sait, réunit à la Cour de Cassation l'élite intellectuelle de la capitale, il est devenu l'hôte habituel de ce groupement ; tout récemment il prenait part à un grand débat organisé à la Sorbonne, où ses connaissances ethnographiques et philologiques vinrent heureusement compléter et corriger les « a priori » sociologiques de M. Lévy-Bruhl[40].

Le Père Aupiais est revenu d'Afrique avec une énorme documentation sur l'origine, la langue, la religion, les mœurs, le régime familial et social des peuples qu'il a fréquentés et évangélisés. Il en est revenu avec cette conviction que les noirs sont des hommes comme les autres, qu'ils ont même intelligence et sont également aptes au travail qui enrichit et aux arts qui ennoblissent. Il en a rapporté enfin un plan de politique coloniale, qui est humain en même temps qu'européen.

Or, on discute en ce moment à Genève cette singulière méthode de colonisation qui, sous le nom de « travail forcé » autorise nos administrations à recruter pour les grands travaux publics une main-d'œuvre indigène qu'elles obligent au travail et qu'elles ne payent pas.

- Que pensez-vous, avons-nous demandé au Père Aupiais, de cette méthode ? Et qu'en avez-vous dit au Bureau International du Travail ? Est-elle condamnable dans son principe et s'est-il commis dans son application, comme on l'a raconté, d'abominables abus ?

- Les abus dans l'application sont malheureusement incontestables. Les Indigènes qu'on recrute et qu'on entasse sur les chantiers, meurent en trop grand nombre, parce qu'ils sont mal nourris et mal logés. Il est inadmissible que le travail forcé se soit traduit en certains cas par une mortalité de quarante pour cent, sur des hommes pourtant habitués à ce climat. L'esclavage d'autrefois lui-même était moins prodigue de vies humaines : le maître le plus brutal reconnaissait du moins à son outil humain la valeur de ce que l'achat lui en avait coûté.

Quant au principe lui-même du travail forcé, il est difficile de le répudier immédiatement et il serait plus malaisé encore de lui substituer d'un seul coup un régime meilleur. Le travail forcé

-----

[40] *Lucien Lévy-Bruhl* (1857-1939), sociologue et anthropologue français.

n'est qu'un des aspects de l'immense effort d'adaptation qui doit se faire entre deux civilisations différentes.

Ce que je m'explique mal c'est que le Bureau International du Travail ait cru devoir proscrire le travail forcé au profit des entreprises privées et le maintenir pour les travaux publics. Le premier est cependant préférable au second. Plus spécialisé, il tend à former de bons agriculteurs et non de simples manœuvres. Davantage soumis aux lois économiques, il évoluera de lui-même vers le payement en salaires. Enfin et surtout il est plus facilement contrôlable que le travail d'une administration qui n'a d'autre surveillant qu'elle-même.

Il faudra cependant qu'on aboutisse à la suppression générale du travail forcé, car c'est une vérité qui se vérifie sous toutes les latitudes, que le seul travail productif et qui paye est le travail payé et librement consenti.

- Mais les nègres qui sont de grands paresseux et de grands insouciants consentiront-ils jamais à venir sur nos chantiers, construire nos chemins de fer et nos routes ?

- Les noirs ne sont pas paresseux par nature, mais en raison de leur régime social, ils ignorent la propriété privée et ne connaissent que la propriété collective du clan ou du village. Qu'on les intéresse à travailler et ils travailleront. La meilleure preuve en est que plusieurs colonies, qui ignorent les grandes concessions européennes et se contentent du seul concours des Indigènes, sont cependant en plein rendement. Les noirs sont des agriculteurs-nés. Il faut, pour qu'ils deviennent des agriculteurs en action, qu'on les fasse progressivement accéder à la propriété privée, qu'on leur ouvre des débouchés et qu'on leur paye leur production au juste prix, leurs journées de travail au juste salaire. C'est en introduisant le « coin du déterminisme économique » que l'on modifiera leur état social et que l'on détruira leur quasi féodalité qui s'est corrompue à notre contact.

- Vous dites, Monsieur le Supérieur, que c'est à notre contact que leur régime s'est corrompu. Il était donc autrefois moins néfaste ?

- Autrefois, oui, avant que nous arrivions, le régime du clan a réalisé et maintenu une paix sociale qui était solide et un ordre qui n'était pas, généralement, inhumain. Les chefs de clan se conduisaient en honnêtes administrateurs des biens de leurs communautés pour le profit de chacun de leurs membres. Nous n'avons pas amélioré leurs mœurs ; les chefs sont devenus égoïstes en même temps que plus riches et disposés à tyranniser ceux qui désormais travaillent pour eux ; mais nous n'avons pas osé toucher à cette féodalité qui maintenant ne fonctionne plus qu'au bénéfice des grands et au détriment de tous les autres.

C'est dans leur régime social que nous devons, pour l'ébranler, introduire le coin, excusez-moi de me répéter, du déterminisme économique.

- Mais en attendant que cette souhaitable évolution soit accomplie, il faut bien assujettir cette main d'œuvre qui se récuse au travail forcé, sans lequel il est vain d'espérer de nos colonies quelque rendement.

- Du rendement, oui ! Le rendement colonial, c'est en effet le mot dont la métropole nous rebat les oreilles à nous autres coloniaux. Et c'est parce qu'on en réclame à tout prix, du rendement et tout de suite, dans la presse, au parlement, au ministère que les gouverneurs s'efforcent de faire rendre à tout prix. Voyez les résultats ! Pour donner du rendement aux colonies que l'on consente d'abord à y investir des capitaux. Que l'on ouvre des crédits à nos gouverneurs, ils ne seront plus tentés d'exploiter l'indigène.

Quelqu'un dernièrement se plaignait de ce que nos colonies produisaient 50.000 tonnes de café il y a un siècle et de ce que la production soit tombée à 5.000 tonnes. Ce quelqu'un oubliait qu'on travaillait alors les colonies avec des esclaves. Consentirait-il au rétablissement de l'esclavage pour rejoindre notre tonnage d'autrefois ? Aujourd'hui nous devons également choisir : ou bien un rendement immédiat mais médiocre et sans lendemain au prix du travail forcé et de ses abus ; ou bien un rendement ajourné, mais intense et assuré, dans le respect de la dignité humaine chez les gens que nous voulons civiliser.

- Il s'agit en effet de civiliser, non de produire. Et c'est ce que vous faites, vous les missionnaires.

- Civiliser, oui et ajoutez : par l'évangile ! Il nous semble qu'il n'y a pas de meilleur moyen pour unir les Indigènes à la métropole et faire d'eux des fils de la Grande France.

Tenez ! Savez-vous ce que nous faisons en ce moment à Porto-Novo ? Nous construisons une basilique à la mémoire des officiers et soldats français qui sont tombés sur la terre d'Afrique pour conquérir le Dahomey en 1892 et 1893. Parmi ceux-là était un Lyonnais, le commandant Faurax[41] qui acheva une brillante et courte carrière militaire en se faisant tuer à la tête de son bataillon de Légion étrangère au camp de Dogba, le 20 septembre 1892.

Notre basilique s'appellera la « *Reconnaissance africaine* » pour exprimer le sentiment des habitants de Porto-Novo que notre intervention a délivrés des sanglantes menaces de Béhanzin. Nous en avons posé la première pierre le 1er novembre 1925, en présence de M. le gouverneur de la colonie, de M. Xavier Béraud, survivant de l'expédition de 1892 et du président de l'Association des anciens combattants dahoméens de la grande guerre.

Il nous reste à l'achever et nous manquons d'argent et puisque vous m'avez pris une interview vos lecteurs ne vous en voudrons pas si vous consentez à leur dire, d'un mot, que le Père Aupiais recevrait avec gratitude leurs offrandes, grandes ou petites, pour la basilique de la « *Reconnaissance Africaine* ».

Je le leur dirai, Monsieur le Supérieur, et ils vous entendront.

Signé : Mérode.

N.B. Les offrandes peuvent être adressées au R.P. Aupiais, supérieur provincial des Missions Africaines. 150 Cours Gambette. Lyon.

---

[41] *Marius Paul Faurax* (1849-1892).

# L'EGYPTE ET LES ALLIÉS

*Cette conférence fut prononcée à l'Académie des Sciences Coloniales en 1940 à son retour de sa visite à ses confrères en février de cette année. Cote aux Archives des Missions Africaines à Rome : 3H26*

Je viens de passer quatre semaines en Egypte du 2 février au 2 mars. Je n'ai entrepris ce voyage ni en esthète, ni en touriste, ni en pèlerin. Ce fut pour moi un déplacement administratif de ma charge Provinciale pour visiter nos Confrères, les encourager dans leurs initiatives et leurs œuvres, particulièrement leurs œuvres scolaires françaises.

## I° Partie

La présente communication portera donc sur la question de l'enseignement du Français, qui est devenue délicate depuis la récente évolution du statut politique de l'Egypte ; la proclamation de son indépendance, et les accords dits de Montreux[42], qui s'en sont suivis.

Avant d'aborder ce sujet, je voudrais noter la première impression que l'on a de l'Egypte, particulièrement quand on arrive au Caire. L'Egypte apparait doublement en armes, par la mobilisation de ses propres soldats et par l'arrivée des troupes des Dominions v.g. les Anzacs[43].

Les journaux reflètent un état d'esprit de guerre plutôt qu'ils ne créent cet état d'esprit quand ils publient des nouvelles abondantes sur la guerre, quand ils font de la propagande pour les œuvres de guerre, quand leurs articles se font l'écho des

---

[42] Accords de Montreux, en 1936.
[43] *Anzacs*, militaires originaires d'Océanie.

difficultés économiques, quand ils font appel à l'esprit de sacrifice et de dévouement, au nom des buts de guerre poursuivis par les alliés, soutenant les courages au nom de la noblesse, du désintéressement de ces buts.

Certes, la présence des Anglais en Egypte, car ils sont toujours là, la présence toute puissante des Anglais explique la position du Gouvernement et du peuple Egyptien dans les évènements actuels. Mais cette même présence ne suffirait pas à expliquer, exclurait même la spontanéité, la sincérité, l'ardeur du mouvement qui porte les militaires comme les populations civiles à embrasser la cause des alliés.

L'origine de ce mouvement a de nombreuses sources. L'Egypte qui est une nation jalouse de son indépendance, ses difficultés avec l'Angleterre l'ont bien démontré, ne peut pas admettre qu'on attente, au nom de la seule force, à la liberté, à la vie même des peuples, qui lui ressemblent par le volume de leurs populations, par leur jeunesse, dans leur existence de peuples.

L'Egypte, terre de libre épanouissement de la vie individuelle, aussi bien dans sa bourgeoisie que dans ses masses paysannes, ne peut comprendre l'asservissement absolu imposé par un certain étatisme.

L'Egypte, pays de croyances religieuses fortement enracinées et de haute spiritualité, ne peut consentir à une substitution de cultes et remplacer le Tout-Puissant par la « Race ».

Par sentiment, l'Egypte devait encore se placer à côté des Alliés. Il y a longtemps qu'en Egypte l'on regarde la vie et le monde dans leurs réalités les plus belles à travers un visage aimé : celui de la France.

Des Savants, des Ingénieurs, des Médecins, des Avocats, des Professeurs, de Hauts Fonctionnaires ont été là-bas le visage de la France, de sa culture intellectuelle, des qualités morales de ses élites, de sa civilisation pour tout dire en un mot.

Les secrets de cette civilisation, et ses richesses ont été livrés aux Egyptiens par des Professeurs, des Maitres d'Ecole nombreux et prudents, instruits et dévoués qui ont formé déjà plusieurs générations d'élèves.

L'instruction et la formation des filles marchaient de pair avec celles des garçons, de sorte que le rayonnement de la France pénétrait la famille entière.

Les éducateurs et les éducatrices de ces jeunesses successives étaient surtout des religieux, des religieuses qui, sans prosélytisme, s'imposaient au respect de leurs élèves par leur simple attitude morale, prêchant par l'exemple un humanisme qui rendait les esprits et les cœurs capables de comprendre et de partager les croisades de justice et de paix, comme celle qui est entreprise par les Alliés.

J'ajouterai qu'en Egypte, le mot civilisation n'est pas un vain mot, quand des ruines majestueuses, d'incomparables Musées, rappellent les époques millénaires d'un brillant état humain et attestent que les valeurs de civilisation n'ont jamais été prescrites dans un pays.

Si le passé récent de 1914 pouvait faire naître un doute sur le loyalisme de l'Egypte, à cause d'une certaine influence Turque, rassurons-nous en constatant quelle est l'admirable position prise par le Président de la République d'Ankara.

Je vous parlerai maintenant de la culture Française en Egypte.

Mais, ai-je à vous apprendre quelque chose à ce sujet, après ce qu'en ont écrit ou dit des académiciens comme Maurice Barrès[44], Monsieur Henry Bordeaux[45], des hommes politiques comme MM. Berard, Herriot[46], après ce que l'expérience vous a appris à vous-mêmes quand vous avez visité ces pays, et je pense surtout en ce moment à Monsieur Maspéro[47], devant qui je ne devrais pas oser parler de l'Egypte, et Monsieur le Général Brémond[48], du passage brillant de qui j'ai retrouvé les traces à

---

[44]*Maurice Barrès* (1862-1923), homme politique nationaliste français, écrivain.

[45]*Henry Bordeaux* (1870-1963), écrivain, essayiste, de tendance monarchiste et conservatrice.

[46] Sans doute *Edouard Herriot* (1872-1957), lyonnais, homme politique, académicien.

[47] Nous avons deux *Maspéro*, égyptologue et papyrologue, *Gaston* (1846-1916) et son fils *Jean* (1885-1915) ; mais tous les deux sont alors décédés.

[48]*Edouard Brémond* (1868-1948), militaire.

notre Collège de Tantah, et près de quelques-uns de nos anciens élèves.

Mes surprises personnelles ont été de constater que les journaux européens du matin, du midi et du soir, qui étaient les plus criés dans les rues étaient des journaux français, parfaitement documentés, bien rédigés, et remarquablement présentés ; de constater encore que simultanément, dans les 6 Eglises importantes du Caire, le Carême était prêché en Français ; que les auditeurs y venaient en foule malgré l'élévation et parfois l'aridité des sujets traités, dogme ou morale, de voir presque chaque jour annoncer des conférences publiques en Français.

Au Collège des Pères Jésuites, la pièce académique célèbre : « *La Fille de Roland*[49] » a été représentée avec grand succès.

J'ai fait moi-même dans trois cercles différents de jeunes gens, dont un cercle Thomiste, des conférences ethnographiques suivies d'échanges de vues, qui ont dénoté de la part de mes auditeurs un tel jugement, en une matière aussi imprévue, que je suis resté sous le charme du souvenir que m'ont laissé ces soirées.

Ces cercles ont au moins une séance de cercles d'études par semaine. Les sujets les plus divers sont traités : science, littérature, histoire, etc. etc. et l'orateur est un membre du Cercle, excepté pour des circonstances plus solennelles où l'on fait appel aux Professeurs du Lycée ou de l'Institut Français.

Comme l'on pense, je ne suis allé ni au théâtre ni au cinéma. D'après les affiches et la publicité des journaux, je serais porté à croire que les cinémas sont plus fréquentés que les théâtres et que les films sont plus Anglo-américains que Français. Mais ce sont là deux phénomènes qui ne sont pas spécifiquement Egyptiens.

Un voyageur, compagnon de chemin de fer me disait : « *Quand je me trouve en face d'un homme que je ne connais pas, dont j'ignore par conséquent la langue, je me hasarde à lui parler Français persuadé que je serais compris, ce qui arrive en effet le plus souvent* ».

J'ai rencontré plusieurs Egyptiens qui m'ont dit en toute simplicité : *à la maison on parle Français*. J'en ai au moins une

---

[49] *La fille de Roland* (1875), drame en vers d'*Henri de Bernis* (1825-1901).

preuve dans le train qui va de Tantah au Caire et où se trouvaient un jeune papa et sa petite fille de 3 ans ½, 4 ans. Celle-ci n'a cessé de babiller, gentiment, d'ailleurs en Français.

Je ne m'attarde pas davantage à cette démonstration qui est superflue.

Vous devinez quel a été l'instrument de cette diffusion du Français ?

Je ne dirai pas que c'est l'Ecole, mais le Collège et le Pensionnat ; l'Enseignement a donc été plutôt secondaire, ou au moins complémentaire.

Dans la division ecclésiastique où je me suis rendu, il y a :
- 92 Prêtres européens, la plupart Français, la plupart Professeurs,
- 36 Frères enseignants,
- 463 Religieuses Européennes, enseignantes et infirmières,
- 3000 Elèves (garçons)
- 6600 Elèves (filles).

Il faudrait tripler ou quadrupler ces chiffres si l'on voulait donner les statistiques de l'Egypte entière. Je note qu'il ne s'agit là que des Collèges, Ecoles, Pensionnats confessionnels Catholiques. Il faudrait y ajouter les Lycées Français, les Collèges Egyptiens qui comptent plusieurs Professeurs de français, Français. Puis tous les Collèges des autres confessions religieuses.

Ce qui prouve que l'Egypte ne recule devant aucun sacrifice pour développer l'instruction.

Aussi, est-ce un spectacle réconfortant et agréable de voir dans toutes les villes d'Egypte des groupes d'enfants et de jeunes gens se rendre diligemment à leurs écoles respectives, en tenue propre, sinon coquette, les jeunes filles ont un uniforme généralement bleu marine qui rappellerait les pensionnaires les plus distinguées de nos Externats religieux.

Je signale enfin ce fait scolaire : les élèves du Petit Séminaire Copte font leurs études en Français, d'une telle sorte que récemment, un élève n'a pu y être admis pour donner suite à une vocation qui paraissait certaine, parce qu'il ne savait pas le français. Ces élèves suivent les cours du Collège des Pères Jésuites Fagallat.

## II° Partie

Dans la seconde partie de cet exposé, vais-je être obligé de vous dire : tout cela, c'était le passé. Les Egyptiens sont-ils en train d'abandonner cette pratique intensive de notre langue ?

Avant d'en gémir, mettons-nous en face des réalités.

Je vous l'ai dit au début de cette communication : les Anglais sont toujours en Egypte, et nous avons-nous-mêmes consenti à cette présence.

Sans doute, leur influence politique a diminué depuis la proclamation de l'Indépendance Egyptienne ; mais Anglais et Egyptiens semblent certains que leurs destinées respectives évoluent en dehors de toute idée de Mandat ou de Dominium, vers une conjonction sinon une identification des intérêts économiques, financiers, militaires, d'un essor industriel, d'une compénétration culturelle.

Depuis plusieurs années déjà, ils sont très nombreux les jeunes Egyptiens qui vont en Angleterre accomplir le cycle de leurs Etudes Universitaires, techniques, commerciales, etc.

Aussi la langue anglaise tend-elle à devenir la langue de la Cour, du Monde, de l'Armée, des Ministères, de l'Enseignement, des Administrations grandes et petites. On ne peut se dissimuler qu'il ne peut en être autrement dans un pays qui est, en fait, associé politiquement, commercialement, culturellement à l'Angleterre.

Mais personne n'ignore non plus que la haute Administration Anglaise n'a pas manqué de donner un fort coup de pouce au destin. Je n'ai pas besoin d'insister pour dire que la langue française en a souffert d'autant. Mais ce n'est pas de ce côté que lui sont venus ou que lui viendront les principaux amoindrissements de son prestige.

Demandons-nous quelles devraient être les réactions d'un peuple. Le peuple Egyptien qui prenant conscience de sa personnalité au milieu des autres Nations, s'apercevait que presque toutes ses Maisons d'Education, pour les garçons comme pour les filles étaient entre les mains des Professeurs Etrangers. Assurément, ces Etrangers, des Français, des Françaises, se faisaient pardonner de n'être pas Egyptiens en se consacrant aux œuvres d'instruction comme ne le feront peut-être pas des Maîtres Egyptiens pour leurs compatriotes.

Mais, par amour-propre, autant que par Nationalisme, comment se résigner désormais à se conformer à des programmes européens pour acquérir des diplômes européens délivrés par des examinateurs européens.

Il faut le reconnaître, avant la proclamation de l'Indépendance Egyptienne, ces réactions ne furent pas violentes. D'ailleurs, ne fallait-il pas tâtonner avant de choisir parmi les méthodes d'enseignement des diverses nations de l'Europe celles qui auraient été les plus conformes au progrès le plus moderne ?

On voulait faire grand et beau, ce qui est arrivé en effet, mais on ne pouvait progresser dans la construction des palais scolaires qu'à la cadence des crédits octroyés.

On voulait enfin se servir exclusivement pour les études de la langue arabe, mais il fallait d'une certaine manière « laïciser » celle-ci, car jusque-là elle ne servait de truchement qu'à la prière, à la Théologie, à l'Histoire Religieuse, à la Poésie, opération délicate qui est loin d'avoir trouvé une formule définitive.

Il y a au Caire un monument qui donne une idée assez exacte de ce réveil culturel de l'Egypte. Il représente une jeune Egyptienne, celle-ci soulève insensiblement le voile de son visage et semble surprise du monde nouveau qui se révèle soudain à ses yeux.

Le réveil intellectuel de l'Egypte, nuancé et progressif, aurait pu être celui-là quand les Elites de la Nation se rendirent compte qu'elles avaient le droit et le devoir d'avoir un enseignement qui leur fut propre. Mais il y eut le fait politique de la proclamation de l'Indépendance en 1937, et les lois de l'Histoire nous apprennent qu'un peuple ne franchit pas une telle étape sans une sorte de frénésie qui est comme la prise de possession de l'espace vital.

De cette frénésie, je citerai quelques exemples qui sans reproduire tout à fait ce qui s'est passé en Turquie s'inspirent cependant de principes et de buts identiques.

Nationaliser l'Enseignement, et par ce moyen évincer de la formation de la jeunesse des étrangers et particulièrement les Religieux.

a. Décret rendant obligatoire pour toutes les maisons de commerce, banques, magasins, ateliers, la tenue des livres de comptes en langue Arabe pour le contrôle de l'Etat, par rapport aux impôts

b. Difficultés énormes pour les diplômés des Facultés étrangères d'obtenir le permis d'exercer. Ainsi aux derniers examens des Docteurs en Médecine, sur 33 venus des Facultés européennes, sans être tous européens, 2 seulement furent reçus, l'un des deux se présentant pour la 3ème fois et reçu « *par faveur* » (L'on sait que les grades de l'Université Française des Pères Jésuites de Beyrouth, ne sont plus reconnus en Egypte).

c. On veut que l'enseignement soit donné en Arabe pour toutes les matières, déjà les questions d'Histoire et de Géographie seront posées en Arabe aux examens l'an prochain, les réponses en Arabe seront également obligatoires.

d. Dès 1938, obligation a été faite aux élèves des écoles françaises qui passent le Baccalauréat Egyptien d'être questionnés sur le programme des 4 années, tandis que les écoles officielles n'ont à passer l'examen que sur le programme de la dernière année (cause de cette mesure : faiblesse en langue arabe des élèves des Ecoles Françaises).

e. En fin d'année 1938, un autre décret, qui s'est d'ailleurs arrêté en cours de route obligeait les élèves des Ecoles étrangères à faire trois années de service militaire, alors que les élèves des écoles officielles n'auraient fait qu'une année, (cause : ceux-ci font de la préparation militaire à l'école).

f. On n'est pas sans s'apercevoir que l'Administration Egyptienne procède à une élimination systématique des anciens élèves des Etablissements étrangers (les chrétiens notamment).

g. On prévoit le jour où des Professeurs officiels seront imposés aux Etablissements privés (pour l'Arabe).

Que va devenir l'enseignement français dans de telles conditions ? Est-il condamné à disparaître ? Non, sans doute, il ne jouira pas de la faveur de naguère, il ne constitue plus un moyen de gagner sa vie. Mais, par le nombre de Professeurs de français employés dans les collèges officiels, nous jugeons que les Egyptiens eux-mêmes entendent bien conserver l'étude et l'usage de notre langue.

Peut-on les accuser d'avoir l'arrière-pensée de se réserver cet enseignement comme tous les autres, v.g. avec des livres d'initiation de langue arabe ? Rien ne fait penser encore à cet état d'esprit. Mais il n'est que trop certain que le français, dans les programmes, ne tiendra la place que d'une langue étrangère et non la plus favorisée.

Reconnaissons d'ailleurs que les programmes scolaires et les méthodes d'enseignement n'ont pas pris en Egypte leur aspect définitif. Il suffit pour s'en convaincre de se reporter au numéro du 18 mars du Journal Officiel qui relate la discussion qui eut lieu aux séances de la Chambre du 18 Février et du 4 Mars, au sujet de la nomination du Docteur Taha Hussein Bey[50] au poste de contrôleur de la Culture Générale.

Violemment pris à partie pour ses idées libérales par des orateurs qui représentaient des fractions importantes de la Chambre, le Docteur Taha Hussein Bey fut cependant maintenu dans sa fonction à la fin des débats. La lutte reste donc ouverte entre les partisans de l'enseignement traditionnaliste et les partisans des méthodes européennes et rien ne fait prévoir encore qui l'emportera des deux courants.

Beaucoup d'Egyptiens parmi les anciennes générations, comprennent aussi qu'il serait imprudent pour les Elites de s'affranchir subitement des méthodes de formation qui ont donné à l'Egypte ses meilleurs hommes d'Etat et à la Société Egyptienne ses représentants les plus autorisés. Agir autrement, c'est-à-dire éviter toute transition serait certainement de la témérité, car on recourrait ainsi à une sorte d'inflation des valeurs de l'intelligence, en ne comptant pas sur les valeurs réelles d'un passé qui est encore proche.

Supposons cependant que dans le domaine strict de l'enseignement, l'on s'applique à brûler les étapes, les Notables Egyptiens se garderont bien de couper les ponts avec l'Europe et

---

[50] *Taha Hussein Bey* (1889-1973), universitaire égyptien, fit ses études supérieures à Paris, se soucia de moderniser l'enseignement dans son pays.

particulièrement avec la France pour des raisons de haute culture d'abord mais aussi parce que le contact avec un pays comme la France représente des relations flatteuses, des plaisirs délicats et un standard supérieur de vie intellectuelle. Le français peut donc jouir en Egypte d'une considération à nulle autre seconde.

Et puis, pratiquement, il en coûte si peu à un Oriental d'apprendre une langue de plus, si certaines nécessités empêchent le français de venir en premier ou même en second lieu.

J'ai noté une curieuse constatation qui m'a été faite par un de mes confrères. Cette constatation a d'autant plus de valeur que ce Père habitait, non la Capitale, le Caire, mais une petite ville de Province.

Les Egyptiens seront de plus en plus amenés à faire apprendre l'Anglais à leurs fils (après l'Arabe) pour que ceux-ci aient un rang dans la société et une fonction dans la vie courante. Mais ils ont une tendance marquée à faire apprendre le français à leurs filles parce que cet enseignement, donné généralement par des Religieuses, comporte une éducation, une dignité, qui préparera les jeunes filles à être des Maitresses de maison aussi parfaites que distinguées.

Mais si, à la maison, les femmes parlent français, qui ne voit que toute la famille sera entraînée à user de cette langue ? D'où un avantage certain de conservation et même de propagation de notre langue.

On dit que Charles Quint qui possédait 5 ou 6 langues en variait l'emploi suivant son interlocuteur. Il en sera ainsi des Egyptiens cultivés. Ils parleront Arabe quand ils s'adresseront à DIEU, Anglais quand ils traiteront les affaires politiques et commerciales et Français quand ils se confieront à leurs amis.

Devant le nouvel état de choses, quelles ont été aussi les réactions des Religieux, des Religieuses ? Et conséquemment leur évolution ?

Certes, ces vieux Maîtres, ces vénérés Professeurs qui depuis des 20 ans, des 30 ans et plus, enseignent le Français en Egypte, resteront des chevaliers de la langue Française. Ils ne considèreront pas que leur enseignement a subi une défaite parce que notre langue garde là-bas, ils le savent bien, tous ses prestiges, si elle a perdu de son utilité. Mais ils se sont trop attachés à ce pays pour ne pas comprendre qu'il doit suivre sa destinée, à laquelle ils essaieront de s'adapter avec un dévouement qui restera le même et un loyalisme sur lequel on peut compter.

Le haut enseignement religieux qu'ils ont reçu ne leur a-t-il pas appris qu'ils appartiennent à une Eglise appelée précisément Catholique parce qu'elle est chinoise en Chine, Nègre à Dakar, et qu'elle doit être Egyptienne en Egypte. Ils feront donc à la langue arabe les concessions inévitables mais justes, et ils enseigneront leur langue en cours de langue vivante avec d'autant plus d'amour. Il n'y aura point de ligne Maginot entre les deux domaines, mais ces bonnes frontières d'autrefois faciles à franchir et imparfaitement délimitées.

C'est ainsi que le « Français » transpercera encore dans les méthodes employées avec la langue Arabe, par sa clarté, sa profondeur, qui allant de l'analyse à la synthèse jettent sur tout, cette pénétration et ce philosophisme qui constituent l'humanisme.

Réflexion faite, nos distingués et dévoués consuls du Caire et d'Alexandrie ont donc raison qui prévoient que nos établissements grâce au français gagneront en qualité ce qu'ils perdront en quantité au pont de vue de leur population scolaire, et que le français restera longtemps encore en Egypte, la langue des « Honnêtes Gens », comme l'on disait au XVIIème siècle.

# L'ART ET LA VIE
# EN PAYS NEGRE

*Cet article, signé du père Aupiais, est tiré de l'Hebdomadaire l'Illustration, daté du18 Juin 1927. Il est illustré en double page par six photos de bronzes du Dahomey. Cote aux Archives des Missions Africaines à Rome : 3H41.*

## Présentation de l'article et de l'auteur :

*Les visiteurs du Salon des Artistes français ont pu voir, dans la galerie réservée aux peintres coloniaux, une Exposition des Arts décoratifs dahoméen. C'est la première fois, croyons-nous, que des œuvres d'art indigène sont admises au Grand Palais. Le but poursuivi par l'organisateur de cette manifestation, M. Rouffe, est de donner cette consécration à des artistes qui ont su jusqu'à présent se maintenir dans la saine tradition de l'art primitif sans essayer de démarquer nos techniques européennes.*

*Nul mieux que le R. P. Aupiais, missionnaire au Dahomey et directeur d'une revue : la Reconnaissance africaine, à laquelle il a donné un programme nettement régionaliste, n'était désigné pour dégager l'intérêt et le sens de cette exposition.*

L'on s'étonnerait moins de voir des hommes dits sauvages produire des œuvres d'art d'une réelle valeur si l'on savait mieux que leur piété a donné à leurs religions des rites d'un symbolisme émouvant, que leur respect de l'autorité leur a fait imaginer pour les rapports avec les chefs un cérémonial plein de grandeur et de délicatesse.

Ces attitudes hiératiques par lesquelles sont implorées les divinités, dans les pays du golfe de Guinée, ces génuflexions solennelles devant les princes proviennent, en effet, du plus pur sentiment esthétique qui idéalise non plus ici un marbre ou un bronze, mais le corps humain lui-même, ce corps harmonieux et assoupli des Africains qui a triomphé aux éliminatoires de la mortalité infantile, qui a passé par la culture physique des massages maternels et des exercices chorégraphiques des couvents fétichistes.

L'on s'étonnerait moins encore si l'on savait plus de choses sur la littérature orale de ces populations qui permet par les chants guerriers, les prières, les proverbes, les légendes, les satires, de sonder leur lyrisme, leur élévation de pensée, leur sagesse, leur imagination, leur esprit et de comprendre qu'elles ont une vie spirituelle intense dont les sources se confondent avec celles de l'art lui-même. Ces sources sont nombreuses.

Il faut énumérer en premier lieu le cadre merveilleux dans lequel vivent les noirs, cette végétation exubérante des pays tropicaux, si propice à l'inspiration et aussi au farniente, celui des pâtres de l'Hellade qui furent les premiers à composer des chants sur leurs pipeaux rustiques.

C'est ensuite le contact permanent avec des ennemis sournois et terribles : hommes cruels, bêtes féroces, plantes vénéneuses, maléfices de toutes sortes contre lesquels il faut se défendre avec une vigilance qui stimule le don d'observation et donne le sens aigu des réalités.

C'est encore la vie collective de la tribu qui met dans le domaine public les joies et les tristesses du passé aussi bien que celles du présent, qui associe à la vie privée les hauts faits de l'histoire et les grands noms des ancêtres de manière à étendre le domaine où les âmes trouvent la vie intense des nobles aspirations ou des émotions profondes.

C'est enfin le mysticisme particulier au primitif grâce auquel celui-ci peuple de puissances mystérieuses la maison qu'il habite, la forêt qu'il traverse, la source à laquelle il se désaltère, qui lui fait donner une personnalité aux lagunes, des intentions à la foudre, un langage aux plantes.

Peut-on dire néanmoins que l'art africain a découlé de tout cela et qu'il se présente à nous harmonieux et divers, réaliste et inspiré comme le folklore ?

Oui, sans doute, mais modifié par des facteurs qui n'interviennent que pour lui.

C'est ainsi que les noirs ont une vie ordonnée, disciplinée presque à l'excès ; l'individualisme existe aussi peu que possible dans les sociétés politico-religieuses de ces pays où personne ne blasphème ni ne désobéit, où les hommes qui commandent n'ont jamais tort, où les dieux ont toujours raison.

On retrouvera précisément dans le goût des indigènes pour les lignes qui se coupent ou se rejoignent à leur point géométrique et pour les proportions justement réparties dans les masques et dans les étoffes notamment cet équilibre qui règne dans la vie sociale entre les sujets et les chefs, entre les hommes et les forces de la nature ou de la divinité, équilibre qui trouve sa dernière expression dans le fatalisme, soumis encore que clairvoyant, des noirs de l'Afrique occidentale.

Notons encore que l'Africain vit en général dans un isolement qui, l'éloignant du contact des autres hommes, limite à son village ou à son clan le monde de ses pensées et de ses rêves. Cet isolement ne sera pas stérile cependant, car il le conservera dans une ignorance innocente qui le rend ingénu et confiant et augmente par cela même son ignorance et sa fécondité de terre vierge.

Cette heureuse disposition se manifestera dans la tendance que les noirs ont à décorer tous les objets qui les entourent, non seulement les armes qui sont nobles ou les objets du culte qui sont sacrés, mais les ustensiles les plus familiers comme les calebasses ménagères ou les nattes cubiculaires.

Si l'on veut savoir pourquoi l'on rencontre dans les sculptures sur bois tant de figures grimaçantes d'angoisse ou de rire, il faut se rappeler d'abord que l'animisme est une religion de crainte. Les dieux de la ville ou des champs inspirent la plus grande frayeur, non point parce qu'ils sont jaloux ou vindicatifs, mais parce qu'ils sont les gardiens vigilants et redoutables de la morale, de la religion, des coutumes, du civisme, du droit, de la décence, de l'urbanité, et leurs interventions sont des coups du sort : morts subites, accidents stupides, revers de fortune, maladies inconnues, plaies incurables, qui sont des punitions des fautes graves ou légères, et qui doivent émaner d'êtres à la figure étrange.

Et puis l'on ne sait pas toujours à qui l'on a affaire, en fait de divinité ; ainsi comment évoquer la foudre, qui est une divinité redoutable au Dahomey ? Une bête d'Apocalypse la représentera, ce sera sans doute un animal aux caprices subits et méchants ; c'est, en effet, un bélier qui lui servira de symbole.

Cherchons enfin pourquoi l'art africain, du moins le dahoméen, semble dédaigner l'étude des formes et s'attacher uniquement à représenter le mouvement dans un pays où la beauté plastique du corps humain est incontestable, où elle est livrée le plus souvent aux regards et toujours mise en valeur par une dignité des personnes qui ajoute de la grandeur à l'esthétique. Dira-t-on que les noirs, qui ne tirent pas vanité même de leurs qualités morales, seront moins fiers encore de leur perfection physique dont ils n'auront pas conscience, au surplus, par manque de goût et de culture ?

Cependant, on les voit user d'un grand discernement en cette matière quand ils choisissent des laris (pages du roi) ou des candidats féticheurs qui sont, en général, d'un corps admirable.

Dira-t-on que la technique de l'art primitif est insuffisante à cette tâche délicate de reproduire les formes ?

On remarque pourtant que, dans maintes représentations : bas-reliefs, masques, bronzes, les serpents, les tortues, les lézards, tous les animaux en général sont parfaitement modelés ou sculptés.

Il serait peut-être plus juste d'expliquer ce dédain par cette croyance que seule la tête de l'homme est noble parce qu'elle est sacrée, c'est le lieu de bénédiction choisi par la divinité, c'est l'image et peut-être l'habitation de l'esprit d'un ancêtre. Le reste du corps humain est donc peu de chose.

A tout prendre même, cette enveloppe charnelle n'est-elle point une sorte d'animal que l'on traîne après soi, avec l'obligation humiliante de l'entourer de soins de propreté constants, de le nourrir, de le soigner, toutes choses qui sont regardées comme des actions honteuses par les noirs qui, même pour manger, se cachent ?

Mais la principale raison de cette insouciance de la forme, c'est plutôt la crainte qu'inspire aux primitifs une représentation humaine parfaite, mais sans vie et sans langage. Ils ne peuvent s'empêcher de croire que sous ces apparences habite une divinité ou tout au moins un être mystérieux. Faire des dieux sans mandat est un sacrilège. Construire inutilement un habitat à une divinité, c'est s'exposer à de terribles représailles. Et voilà pourquoi les artistes noirs mettent une sorte de parti pris à déformer les images humaines.

L'on peut citer en confirmation de cette explication la gêne qu'éprouvent certains indigènes devant les personnages muets et d'ailleurs impalpables du cinéma, et l'émotion très touchante de certains autres devant des statues religieuses européennes qu'ils prendraient volontiers pour les personnages qu'elles représentent.

Le domaine, et en même temps le point culminant de l'art africain, sera donc l'étude du « mouvement », c'est-à-dire l'étude d'un geste précis représenté au moment même où il se produit, avec un maximum de signification, rappelant les actes qui l'ont précédé, laissant deviner ceux qui le suivront. Prenons pour exemple le sujet : exécution capitale. Le bras qui est levé évoque à la fois l'effort et le courage (ou la cruauté) qu'il a fallu pour dresser l'arme. Celle-ci est prête à s'abattre sur la nuque du condamné dont la pose est telle, échine courbée, cou tendu, mains défaillantes, qu'on le voit déjà décapité.

Qu'importe après cela que les bras soient trop maigres ou les mains trop longues, comme chez le batteur de tam-tam ! L'image n'est pas fausse, si exagérée qu'elle soit, parce qu'elle l'est à dessein.

Dans l'acte de faire résonner un tambour avec la paume des mains ou l'extrémité des doigts sans le secours d'aucun instrument, c'est le jeu intense des mains qui se voit, des mains qui montent, s'abaissent, frappent, se relèvent, devenant le centre même du tableau, vu par l'artiste, comme elles sont le siège de l'activité du musicien.

On dit en latin : *Vita in motu*[51]. Peut-on s'étonner que cet axiome philosophique soit devenu une formule d'art pour des populations qui appellent l'être humain Gbè-to : celui qui a la vie.

Et la merveille de cette technique, c'est qu'à vouloir donner exclusivement l'idée du mouvement, l'artiste noir, obligé de détendre, de ramasser les muscles, en arrive, sans le savoir, à dessiner des jambes de hamacaires ou de danseurs avec une perfection remarquable de la forme, trouvant ainsi le chemin de l'art complet par la voie sacrée de la vie.

---

[51] En latin : la vie dans le mouvement.

# Table thématique et analytique

## Thèmes

# TABLE DES MATIÈRES